Als
Oma noch
mit Kohlen heizte

Willi Fährmann

Als Oma noch mit Kohlen heizte

Willi Fährmann

Als Oma noch mit Kohlen heizte

Geschichten aus der guten alten Zeit

Butzon & Bercker

**Bibliografische Information
der Deutschen Nationalbibliothek**

Die Deutsche Nationalbibliothek verzeichnet diese
Publikation in der Deutschen Nationalbibliografie;
detaillierte bibliografische Daten sind im Internet
über http://dnb.d-nb.de abrufbar.

Das Gesamtprogramm
von Butzon & Bercker
finden Sie im Internet
unter **www.bube.de**

ISBN 978-3-7666-1715-6
E-Books:
ISBN 978-3-7666-4212-7 (Mobipocket)
ISBN 978-3-7666-4213-4 (ePub)

13. Auflage 2024

© 2013 Butzon & Bercker GmbH, Hoogeweg 100,
47623 Kevelaer, Deutschland
www.bube.de | E-Mail: service@bube.de
Alle Rechte vorbehalten.
Umschlagabbildung: © mauritius images / pepperprint
Umschlaggestaltung: Anne Derks, Bedburg-Hau
Satz: SATZstudio Josef Pieper, Bedburg-Hau

Inhalt

Meine Oma war Erfinderin

Vorwort

„Tempora mutantur", die Zeiten ändern sich.
Das wussten schon die alten Römer. Aber
kommt es uns nicht so vor, als ob diese Zei-
tenwandlung immer schneller geht? Es ist
doch noch gar nicht so schrecklich lange her,
dass Oma Papier noch bügelte. Zumindest das
Geschenkpapier und das dünne Seidenpapier.
Es wurde dann in eine Schublade gelegt und
bei Bedarf erneut verwendet. Selbst die alten
Zeitungen wurden nicht entsorgt, sondern in
handliche Stücke geschnitten und neben dem
Klo auf einen Drahthaken gespießt. Zum bal-
digen Gebrauch, sozusagen.

Auch das samstägliche Bad fand in der Zink-
badewanne statt. Wer hatte schon ein Bade-
zimmer? Zum Kochen und Heizen stand tatsächlich ein Kohlenherd in jeder Küche. Die
Kohlen wurden eimerweise aus dem Keller
emporgetragen. Dann und wann kam der Koh-
lenhändler mit seinem Pferdewagen und
schleppte das „schwarze Gold" in Säcken in
den Keller.

Überhaupt: Pferdewagen. Der Bäcker bot das
Brot auf den Straßen an. Auch der Milchmann
kam täglich, und die Nachbarinnen sammelten sich an seinem Gespann mit ihren Blech-

kannen und kauften die Milch. Oft genug nur ein Viertelliter. Butter hatte er auch im Sortiment, aber Margarine war billiger. Auch der Lumpenhändler fuhr regelmäßig durch die Straßen, pfiff mehr oder weniger eintönig seine Melodie auf einer Blechpfeife und sammelte, was wirklich nicht mehr zu gebrauchen war. Er zahlte dafür einen Pfennigbetrag. Dass sein Geschäft nur wenig eintrug, konnte man schon daran erkennen, dass das Pferd meist ein magerer, uralter Gaul war.

Das sind nur einige wenige Beispiele. Wenn man solche Geschichten von früher erzählt oder vorliest, machen Kinder große Augen und fragen vielleicht: Echt oder geflunkert, Oma, Opa?

Es ist wichtig, solche Geschichten weiterzuerzählen. Sie helfen Kindern, die heutige Zeit in einem anderen Licht zu sehen. Jüngere sind immer dann aufmerksame Zuhörer oder Leser, wenn die Geschichten authentisch wiedergeben, wie die Menschen vor ihnen lebten.

Aber nicht nur als Informationen für Heranwachsende sind Geschichten von früher wichtig. Auch für die Erinnerung der älteren und alten Generationen sind sie hilfreich. Oft genug habe ich bei Geschichten von früher erlebt, dass mit einem Male den Hörern tausend

Einzelheiten einfallen und sie miteinander in ein lebhaftes Gespräch kommen.

So kann „Als Oma noch mit Kohlen heizte" in mancher Hinsicht ein Buch sein, das man immer mal wieder zur Hand nimmt, ob alt, ob jung.

Willi Fährmann

Meine **Oma**
ging aufs Eis

Das Jahr der großen Brücke

Es gibt auf unserer Erde einige weltbekannte Brücken. Die „Golden-Gate-Brücke" in Kalifornien gehört dazu, die „Karlsbrücke" in Prag und auch die „Engelsbrücke" über den Tiber in der Stadt Rom.

Von der „Tilla-Meurer-Brücke" über den Rhein bei Alsum spricht niemand mehr, obwohl diese Brücke zu ihrer Zeit in unserer Gegend in aller Munde gewesen ist.

Vielleicht ist dieses Bauwerk vergessen worden, weil die Brücke nur dreizehn Tage lang den Verkehr über den breiten Rheinstrom möglich gemacht hat. Vielleicht denken die wenigen, die noch davon wissen, dass die „Tilla-Meurer-Brücke" gar keine richtige Brücke gewesen ist. Vielleicht sagen manche auch: „Das ist schon viel zu lange her."

Aber ich habe die Geschichte von dieser sonderbaren Brücke nicht vergessen; denn Tilla Meurer war meine Oma. Sie hat mir oft und oft von der Zeit erzählt, in der sie selbst noch ein Kind gewesen ist. Die Geschichte von der Brücke hat sich zugetragen, als die Sommer noch heiß und trocken waren und die Winter am Niederrhein bitterkalt sein konnten.

Meine Oma Mathilde Lohgerber war damals noch gar nicht Oma, ja, sie war noch nicht einmal Mutter. Damals, lange vor ihrer Heirat, hieß sie Mathilde Meurer. Im Dorf Alsum wurde sie Tilla gerufen.

Alsum liegt nahe beim Rheindeich. Ein stilles Dorf war es damals längst nicht mehr. Gar nicht weit von Alsum entfernt wurden mitten im niederrheinischen Bauernland neue Kohlenschächte in die Erde getrieben und eine Fabrik nach der anderen entstand.

Viele Bergleute und Werksarbeiter wurden gebraucht. Die strömten aus ganz Deutschland herbei. Sogar aus dem fernen Polen kamen Männer und Frauen, die ihr Geld in dem Gebiet an Rhein und Ruhr zu verdienen hofften.

In einer guten halben Stunde Fußweg konnte man von Alsum nach Hamborn gelangen. Das war eine schnell wachsende Stadt mit düsteren Straßen und dunklen Mietshäusern.

Tilla war in dem Jahr der großen Brücke in der siebenten Schulklasse. Der Lehrer Pannbeckers hatte schon zu Beginn des Schuljahres gesagt: „Tilla, was du bei mir lernen konntest, das hast du gelernt", und er setzte das Mädchen als Hilfslehrerin ein.

Sie musste mit den drei Kindern der dritten Klasse das kleine Einmaleins üben und dem

14

halben Dutzend Schüler der Klasse vier das Gedicht „Gefroren hat es heuer" abhören.

Tilla machte ihre Sache geschickt. Lehrer Pannbeckers war mit ihr zufrieden. Obwohl er alle dreiundsechzig Kinder des Dorfes vom ersten bis zum achten Schuljahr zusammen in einem einzigen Klassenraum unterrichtete, fand er doch gelegentlich Zeit, während der Schulstunden einen Blick in die Zeitung zu werfen.

Auf Tilla Meurer und seinen anderen Hilfslehrer konnte sich Lehrer Pannbeckers verlassen. Der zweite Hilfslehrer hieß bei den Schülern „der eisenharte Friederich". Er war sehr gefürchtet. Der Lehrer hatte ihn nämlich eigenhändig aus der Nusshecke von Bauer Drevenaar herausgeschnitten. Der eisenharte Friederich wurde von Lehrer Pannbeckers noch häufiger zur Hilfe geholt als Tilla Meurer.

Der Unterschied zwischen den beiden Hilfskräften war: Tilla wandte sich an den Verstand der Kinder, der eisenharte Friederich aber sprach bei Mädchen die Handflächen an und bei den Jungen den Hosenboden. Bei Tillas Lehrkunst ging den Kindern ein Licht auf, beim Einsatz des eisenharten Friederich brannten die Handflächen und das Hinterteil wie Feuer. Wenn Lehrer Pannbeckers auf den eisenharten Friederich zurückgriff, dann war sein Kopf rot vor Zorn. Wenn Tilla ihm half, dann lächelte er zufrieden.

Auf Tilla hatte der Lehrer sogar ein Gedicht gemacht. Weil die Kinder fast alle Gedichte auswendig lernen mussten, die der Lehrer schrieb, deshalb war das Gedicht für Tilla im ganzen Dorf bekannt. Die erste Strophe hieß:

„Tilla ist ein Sonntagskind.
Unter ihrem blonden Zopf
in dem klugen, hellen Kopf
wohl tausend und mehr Ideen sind."

Wie Recht Lehrer Pannbeckers mit den tausend Ideen hatte, das konnte in jenem Jahr allerdings noch niemand wissen.

Es war ein gutes Jahr gewesen. Das Heu war trocken in die Scheunen gekommen und die Getreidefelder hatten reiche Frucht getragen. Die Kinder fanden Anfang November so dicke Runkelrüben wie selten zuvor. Am Martinsabend leuchteten die Kerzen in den ausgehöhlten Rüben und beim Fackelzug schwebten die Fackeln wie große Köpfe durch die Dunkelheit. Die Nussbäume hatten tausend und abertausend Nüsse ins Gras geworfen. „Viele Nüsse, harter Winter", sagte Tillas Mutter voraus und strickte ein weiteres Paar schafswollene Socken für ihren Mann.

Zunächst jedoch ließ der Winter auf sich warten. Einige wenige Nachtfröste im Dezember und zu Weihnachten Schneematsch auf den Straßen, das war alles, was er bis zum Jahresende aufzubieten hatte. Schon glaubte Tillas Mutter, die Nussbäume hätten sich getäuscht, da fiel Mitte Februar, als die Menschen im Dorf schon auf das Frühjahr warteten, ein scharfer Frost über das Land am Niederrhein. Eine dünne Schneeschicht knirschte unter den Füßen.

Der eisige Ostwind fegte den Himmel blank. Innerhalb weniger Stunden krauste sich eine Eishaut auf Tümpeln und Teichen.

Ob der Rhein in diesem Winter endlich mal zufriert?, dachte Tilla. Seit drei Jahren wartete sie darauf. Ihre Mutter hatte erzählt, dass Tilla zwei Jahre alt gewesen sei, als der Rhein sogar drei Wochen lang unter einem festen Eispanzer gelegen habe. Der Schmied Peerenbosch von der anderen Rheinseite habe es damals als Erster gewagt, über die Schollen von einem Ufer zum anderen zu klettern, und er sei heil herübergekommen.

Tilla stieg zum Rheindamm hinauf. Oben stand bereits der Knecht Christian van Bemmel. Er schaute auf das gewaltige bleigraue Wasser, das sich in dem breiten Flussbett auf Holland zuwälzte.

„Wohin fließt das viele Wasser, Tilla?", fragte er.

„Nach Holland, Christian, nach Holland ins Meer."

„Muss wohl groß und tief sein, das Meer", sagte Christian.

„Muss es wohl", stimmte Tilla zu. „Noch kein Eis zu sehen, Christian?"

„Noch kein Stückchen Eis, Tilla."

„Wann, Christian, wann kommt das Eis?"

„Weiß ich auch nicht, Tilla. Vielleicht morgen?"

Sie gingen nebeneinander ins Dorf zurück, das kleine schmale Mädchen und Christian, der Knecht von Drevenaars Bauernhof.

Tilla mochte den Christian gut leiden. Im Winter, wenn die Arbeit für die Knechte nicht so hart war wie zu den anderen Jahreszeiten, dann redeten sie oft miteinander.

„Kommst du morgen wieder auf den Deich?", fragte Tilla.

„Soll ich das?"

„Ja. Ich sage dir dann, wie groß das Meer ist."

Als Christian sie ungläubig anschaute, da erklärte sie ihm: „Lehrer Pannbeckers hat ein Buch, da steht alles drin. Alles über die ganze Welt."

„Komisch", sagte Christian.

„Was ist denn daran komisch?"

„Na, dass in ein einziges Buch die ganze Welt hineinpasst."

„Ist aber so."

„Gut", sagte Christian. „Ich komme."

Tillas Idee

Am nächsten Tag aber dachten die beiden nicht an das Meer. Mitten im Rhein erspähten sie die ersten Eisschollen. Sie glitzerten in der Sonne und waren so leicht, dass der Strom sie wie im Spiel auf den Wellenkämmen tanzen ließ.

Von Tag zu Tag wurden die Schollen dicker und größer und schwerer. Bald ächzte und knirschte es, wenn die Strömung ihre Last rheinabwärts schob. Längst standen Christian und Tilla nicht mehr allein auf dem Deich. Einige Kinder versuchten sogar, am Ufer auf besonders große Schollen zu springen und sich auf dem schwankenden Eis ein Stückchen übers Wasser tragen zu lassen. Das war streng verboten, aber die Kinder wagten es dennoch. Sie glaubten Lehrer Pannbeckers' Geschichte nicht so recht, die er in jedem Winter von Stina Basendongk erzählte.

Stina sollte, kaum vierzehn Jahre alt, vor langer Zeit auf einer Eisscholle sehr schnell abgetrieben worden sein. Niemand habe das Mädchen retten können. Noch lange habe man ihr Schreien gehört und immer noch sei es bis zum Ufer gedrungen, als das Kind schon längst von den Nebelbänken über dem Fluss verschluckt worden war.

Die Geschichte des Lehrers schloss stets mit den Worten:

„Manchmal in neblig kalten Nächten, dann kann man Stinas Hilferufe immer noch leise über dem Strom klingen hören. Sie kommt und kommt nicht zur Ruhe."

Auch der Holzschuhmacher Theo Peters, der ganz allein in einer kleinen Kate am Ende der Dorfstraße hauste, auch der behauptete, er habe Stinas Stimme oft genug deutlich gehört.

Die Kinder wussten nicht, was sie davon halten sollten. Am Rheinufer aber waren die Warnungen des Lehrers und Stina Basendongk und ihre traurige Geschichte bald vergessen. Schließlich wollten die Kinder vorsichtig sein. Schließlich wollten sie nur auf eine ganz große Scholle springen. Schließlich wollten sie nur ein winziges Stück auf dem Eise fahren. Und überhaupt ...

Drei Tage später hatte das gefährliche Vergnü-

20

gen ein Ende. Am Sonntag lief von Holland her die Nachricht den Fluss herauf: Der Rhein friert zu. Bald darauf begannen sich auch bei Alsum die schweren Eisschollen übereinanderzuschieben, ineinanderzuschachteln, niederzudrücken, aufzutürmen. Ein Eisgebirge mit unzähligen Spitzen und Spalten bildete sich binnen weniger Stunden. Endlich kam das Eis zur Ruhe. Das Poltern und Stöhnen, das Knirschen und Donnern wurde leiser und leiser und verstummte schließlich. Eine tiefe Stille breitete sich aus.

Fast jeder aus dem Dorf, der noch laufen konnte, hatte sich dieses Schauspiel vom Damm aus angesehen. Aber bald waren die Menschen vor der Eiseskälte in die Wärme ihrer Häuser geflohen.

Die Knechte kehrten in das Gasthaus „Zum Goldenen Schwan" ein. Wegen dieses besonderen Tages und auch, weil sie bis auf die Knochen durchgefroren waren, genehmigten sie sich einen Kornschnaps und ein Bier. Es ging schon auf den Abend zu. Die Sonne stand tief und rot hinter den kahlen Bäumen. Auf dem Damm befanden sich nur noch Tilla und Christian.

„Christian", sagte das Mädchen, „Christian, kennst du die Engelsbrücke in Rom?"

„Ne, kenne ich nicht", antwortete der Knecht.

„Hast du denn schon mal ein Bild von der Karlsbrücke in Prag gesehen?", bohrte Tilla weiter.

„Hab ich auch nicht", gestand Christian ein. Nach einer Weile fuhr er fort: „Steht sicher alles in dem schlauen Buch von Lehrer Pannbeckers, wie?"

„Schade, dass du die berühmten Brücken nicht kennst, Christian", bedauerte Tilla. „Die sind nämlich wirklich sehr, sehr schön. Wenn es hier solch eine Brücke über den Rhein gäbe ..."

„Weißt du, Tilla", sagte Christian, „ich habe überhaupt noch keine Rheinbrücke gesehen. In Köln soll es eine geben und irgendwo in Holland auch. Hat mir jedenfalls mein Onkel erzählt. Und der muss es wissen. Er fährt nämlich schon sein Leben lang als Matrose auf einem Rheinkahn."

„Ich würde gern auf einer Brücke über den Rhein laufen", schwärmte Tilla.

„Das ist ein teures Vergnügen, Kind. Mein Onkel sagt, jeder, der über die Brücke in Köln gehen will, der muss Brückengeld bezahlen."

„Ich habe etwas gespart, Christian. Ich würde all mein Geld geben, wenn ich über eine Brücke laufen dürfte."

Christian lachte. „Du bist doch sonst so sparsam", neckte er sie.

„Ganz, ganz langsam würde ich gehen, Christian. Das Wasser fließt unter mir her. Herrlich muss das sein."

Christian sah, wie Tilla sich tiefer in ihren Mantel kuschelte. „Kalt?", fragte er besorgt.

„Ja", antwortete Tilla. „Aber Christian, könntet ihr nicht ..."

„Was könnten wir, Kind?"

„Ich meine, alle Männer aus dem Dorf, ihr könntet doch?"

Christian verstand das Mädchen nicht. Er schaute sie erwartungsvoll an.

„Ihr könntet doch eine Brücke quer über das Eis bauen, Christian."

„Wie stellst du dir das denn vor, Tilla?" Um Christians Mund zogen sich kleine Spottfalten. „Das ist unmöglich."

„Ist nicht unmöglich", behauptete Tilla. „Ihr schlagt die Eisspitzen mit dem schweren Hammer und mit der Hacke ab, füllt mit den Eisstücken die Spalten aus, bis alles eben ist, und baut so eine Straße von Ufer zu Ufer, breit genug, dass gerade ein Pferdewagen darüberfahren kann."

Christian lachte laut auf. Tilla aber redete sich in Begeisterung. Sie malte ihm aus, wie die Straße Meter um Meter zum anderen Ufer hin wachsen würde.

„Zum Schluss", sagte sie, „hackt ihr ein Loch in das Eis, holt mit einem Eimer Wasser empor und gießt es über die Eisstraße. Die wird dann glatt und fest. Und da, wo die Brücke anfängt, da baut ihr aus Eisblöcken links und rechts einen Pfeiler und ..."

„Hör auf, hör auf", sagte Christian. „Mir wird schon ganz schwindlig bei all deinen Hirngespinsten."

„Warum nennst du das Hirngespinste, Christian? Eine Brücke ist eine Brücke. Und jede Brücke war zuerst in irgendeinem Kopf da, ehe sie gebaut wurde."

Christian zündete sich eine Pfeife an. Er musste mehrmals ein Streichholz anreißen, bis der Tabak endlich glühte. Hart pfiff der Wind. Die blauen Tabakswolken wurden ihm vom Munde weggerissen.

„Meinst du wirklich, das geht?", fragte er nachdenklich.

„Ja, Christian, das meine ich wirklich."

„Selbst wenn ich es wollte, Tilla, ich werde keinen Menschen finden, der mir dabei hilft. Das ganze Jahr über müssen alle hier im Dorf hart arbeiten. Im Sommer geht es schon in aller Frühe aus den Federn, und ins Bett kommen wir mit den Hühnern. Und die verschwinden bekanntlich erst im Stall, wenn es anfängt, dunkel zu werden. Nur im Winter, da haben wir es etwas besser, da gibt es auf den Höfen nicht viel Arbeit. Jeder Mensch braucht auch

24

mal eine ruhigere Zeit. Und so eine Eisbrücke zu bauen, Tilla, das kostet viel, viel Schweiß."

„Wär aber schön, wenn die Leute trockenen Fußes übers Wasser gehen könnten. Wär wie bei Moses und den Israeliten."

„Lass Moses aus dem Spiel, Kind." Christian starrte eine Weile auf das Eisfeld und gab zu: „Schön wär's wahrhaftig."

„Von weit her würden die Leute kommen", spann Tilla den Faden weiter.

„Schon möglich", sagte Christian.

„Und jeder würde das Brückengeld bezahlen, Christian."

Christian horchte auf. „Brückengeld?"

„Hast du selber gesagt, Christian. In Köln muss jeder, der über die Brücke will, Brückengeld bezahlen."

„Ja, das stimmt. Aber hier in Alsum? Und über eine Eisstraße? Die Leute werden uns was husten."

„Werden sie nicht, Christian. In Lehrer Pannbeckers' Buch steht ..."

„Hör auf mit deinem Buch!", unterbrach Christian sie. „Das Buch macht dich noch ganz verrückt."

„Ihr könntet eine Menge Geld verdienen", beharrte Tilla.

„Möglich wäre es", überlegte Christian halblaut. Er zog sich die Schirmmütze tief in die Stirn und schaute hinüber zum anderen Ufer. „Ist breit, der Rhein", wandte er ein. „Und dann kommt das Tauwetter, und aus ist es mit unserer Brücke."

„Kann sein", gab Tilla zu. „Aber wenn der Frost nur ein paar Tage anhält, dann könnt ihr viel Geld kassieren."

„Brauchen könnten wir's schon", sagte Christian. Sie schwiegen eine Weile. Der Wind wurde schärfer. Er wehte vom Strom her auf das Dorf zu.

Tilla spürte die Kälte am ganzen Körper.

„Ich friere, Christian", sagte sie. Doch der war in die Brückengedanken so eingesponnen, dass er sie nicht hörte. Er brummte vor sich hin: „Mensch, Tilla, der Lehrer hatte Recht:

... unter ihrem blonden Zopf
in dem klugen, hellen Kopf
wohl tausend und mehr Ideen sind."

Er packte das Mädchen, drehte sie zweimal, dreimal schnell im Kreise und rief: „Kalt wie ein Eisberg bist du, Kind. Aber ich versuch's. Ich gehe in den ‚Goldenen Schwan'. Ich versuch's. Ich rede mit den Knechten."

Sie rannten den Deich hinab. Christian betrat die Gaststube und Tilla ging nach Hause. Sie war durchgefroren bis aufs Mark. Selbst als sie neben ihrer Schwester im Bett lag, konnte sie vor Kälte lange nicht einschlafen.

Der Christian aber hat sich im Gasthaus „Zum Goldenen Schwan" an den langen Tisch zu den Knechten gesetzt und hat eifrig von dem Brückenbau geredet. Erst haben die Knechte gedacht, der Christian ist übergeschnappt. Aber als vom Bauerntisch der Bauer Drevenaar und der Lehrer aufstanden, zu den Knechten an den Tisch traten und gespannt zuhörten, was der Christian ihnen lang und breit vortrug, da merkten sie, dass an dem Plan doch etwas dran war.

„Und dann machen wir es wie bei der Engelsbrücke in Rom", rief Christian. „Und auch wie bei der Rheinbrücke in Köln. Wir verlangen von jedem, der auf die andere Rheinseite will, ein Brückengeld."

„Eine Silbermark fordern wir von jedem", schrie Hein Kaldewitt, ein kleiner blonder Knecht vom Leyschen Gut.

„Unsinn", widersprach Christian. „Wenn wir so viel Geld haben wollen, dann kommen nur wenige. Ich denke, einen Groschen hin und einen weiteren für den Rückweg verlangen wir. Das ist nicht zu teuer und wird viele Menschen locken, über die Brücke zu gehen."

„Und für Kinder zwei Pfennig", schlug Peter Basner vor. „Kleinvieh macht auch Mist."

„Wenn's aber schiefgeht?", wandte Hein ein. „Ich meine, wenn's Tauwetter gibt oder wenn gar keiner rüberwill? Dann haben wir uns den Buckel krumm geschuftet und alles war für die Katz."

„Wenn, wenn, wenn", sagte Christian ungeduldig. „Mit so vielen Wenn und Aber wäre die Karlsbrücke in Prag niemals fertig geworden."

„Ich finde den Plan nicht schlecht", mischte sich Lehrer Pannbeckers ein. „Ich habe da ein Buch ..."

Der Bauer Drevenaar unterbrach ihn und sagte: „Ihre Bücher in Ehren, Herr Lehrer. Aber was die Männer hier brauchen, das sind keine Bücher. Sie müssen Hacken und Hämmer, Schaufeln und Schiebkarren, Meißel und Tragekörbe haben. Und die will ich wohl für den Brückenbau ausleihen. Auch ein Pferdegespann kann ich zur Verfügung stellen. Es ist gut, wenn die Pferde nicht steif im Stall stehen. Sie müssen bewegt werden. Ich biete euch an, alles das sollt ihr bekommen, wenn ich an dem Brückengeld beteiligt werde. Nur ein Pfennig soll mir gehören. Dann werde ich ausleihen, was immer ihr für die Brücke braucht."

„Abgemacht", rief Christian und hielt dem

Bauern die Hand hin. Bauer Drevenaar schlug ein. Damit war die Sache fest vereinbart.

Über den Rhein

Am nächsten Morgen, kaum war das Vieh versorgt, da begann am Ufer bei Alsum ein Wirken und Werken. Hell klang es über den Strom, wenn das Eisen auf das Eis traf. Es barst und splitterte. Unaufhaltsam trieben die Männer die Straße vorwärts. Die Kälte war eher noch schärfer geworden. Trotzdem lief den Knechten der Schweiß über den Rücken. Drei Tage lang arbeiteten sie schwer. Dann war es so weit. Es wurde Wasser über die Eisstraße gegossen. Das fror im Nu und die Straße wurde eben und glatt. Zu glatt. Die Männer hatten Mühe, nicht auszugleiten.

„Viel zu gefährlich", maulte Hein. „Da wird sich kaum einer trauen, auf die andere Seite zu gehen." Christian aber wusste Rat. „Wir fahren mit dem Pferdegespann zur Sandkuhle. Unter der hart gefrorenen obersten Schicht liegt der Sand lose und locker. Wir streuen den Sand über das Eis und keiner wird auf die Nase fallen."

Das machten die Männer. Es war schon dunkel, als die letzte Schaufel Sand ausgestreut war.

Am nächsten Tag traf genau das ein, was Tilla vorausgesagt hatte. Die Leute kamen von Alsum und Ruhrort, von Beeck und Hamborn und von weit her und wollten über die Eisstraße gehen. Ohne zu murren, zahlten sie das Brückengeld.

So ging es drei Tage lang. Die Knechte wurden fröhlicher und fröhlicher und selbst Hein meinte, wenn alles gerecht geteilt werde, dann hätten sie mehr Geld in der Tasche, als sie sonst im ganzen Jahr bei den Bauern verdienen könnten. Wenn man einmal davon absieht, dass der Bauer seinem Knecht auch Wohnung und Nahrung stellte, dann war das gar nicht so falsch, was der Hein da sagte.

Auch am vierten Tag riss der Strom der Menschen nicht ab, der über die Brücke ging. Die König-Brauerei aus dem nahen Beeck fuhr mit einem Flachwagen heran, der von zwei schweren braunen Pferden gezogen wurde. Der Eisweg war gerade so breit, dass der Wagen darüberfahren konnte. Das Eis bebte, als die Pferde mit ihren großen Hufen aufstampften. Mitten auf dem Rhein luden die Bierkutscher ein Fass ab.

„Freibier", rief ein dicker Kutscher laut. „Ein

Glas Freibier für jeden, der auf die andere Seite will. Die König-Brauerei stiftet für jeden Tag ein Fass Freibier, solange die Brücke hält."

Das sprach sich herum und lockte noch mehr Menschen an.

Tilla hatte von alldem noch nichts gesehen. Sie war wohl mit Christian zu lange auf dem Deich in der Kälte geblieben. Sie schniefte und schnaufte drei Tage lang. Zur Schule musste sie zwar gehen; denn Lehrer Pannbeckers sagte, zur Schule müsse jedes Kind kommen, notfalls mit dem Kopf unter dem Arm. Aber sonst durfte sie keinen Schritt vor das Haus.

„Ich will doch nur einen einzigen Blick auf die Brücke werfen", bettelte Tilla. Aber ihre Mutter sagte „nein". Und wenn Mutter einmal „nein" gesagt hatte, dann war jede weitere Bitte vergebens.

So ging es am ersten Tag und auch am zweiten, und an den folgenden sah es nicht anders aus. Am vierten Tag sagte Tilla: „Mutter, ich bin fast wieder gesund. Lass mich doch heute auf einen Sprung an die Brücke."

Die Mutter schwieg.

„Mutter, ich bleibe nur zehn Minuten auf dem Deich. Dann komme ich zurück ins Haus."

Die Mutter sagte nichts dazu.

„Oder wenigstens fünf Minuten", bat Tilla.

„Einen Augenblick nur, Mutter. Es war doch meine Idee, das mit der Brücke."

Die Mutter schaute das Mädchen erstaunt an.

„Das war deine Idee?", fragte sie.

„Ja, Mutter. Ich hab den Christian darauf gebracht, und der hat's den anderen weitererzählt."

„Das ist etwas anderes", sagte die Mutter. „Wenn das deine Idee war, Kind, dann ist es etwas anderes. Wer weiß, vielleicht schaden dir auch ein paar Minuten in der frischen Luft nicht."

Sie zog sich den Mantel an und schlug das schwarze Tuch über Kopf und Schultern. Genau schaute sie nach, ob Tilla die Wollmütze tief genug über die Ohren gestreift und den roten Schal doppelt um den Hals geschlungen hatte.

Es war wirklich ein wunderbares Bild, das die beiden vom Damm aus sehen konnten.

Der milchig blaue Winterhimmel, das weißgraue Eis und mitten darin viele, viele Menschen. Die Farben der Mützen und Schals leuchteten.

Quer über den Strom zog sich ein Band von denen, die hinübergingen, und ihnen entgegen kamen diejenigen, die ans diesseitige Ufer wollten. In der Mitte der Eisbrücke hatten die Knechte einen kreisförmigen Platz angelegt.

Dort quirlten Männer und Frauen umher und versuchten an das versprochene Freibier zu kommen.

„Das war eine wirklich gute Idee von dir", lobte die Mutter ihre älteste Tochter.

„Die Pfeiler aber haben sie vergessen", sagte Tilla.

„Welche Pfeiler?"

„Große Brücken haben am Brückenaufgang links und rechts einen Pfeiler, Mutter", erklärte Tilla. „Das ist bei der Engelsbrücke in Rom so und sicher auch bei der Brücke in Köln. Ich habe es dem Christian genau beschrieben. Die Karlsbrücke in Prag und ..."

„Und woher, bitte schön, sollen die Männer die Pfeiler bekommen?", fragte die Mutter.

Tilla zeigte mit der ausgestreckten Hand ein Stück stromabwärts.

Dort standen vier Pferdewagen der Brauerei. Sie waren bis dicht an das Ufer gefahren. Arbeiter waren dabei, große Eisblöcke auf die Wagen zu laden. Etwas weiter im Strombett standen andere Männer mit langen Sägen und Eisenstangen und sägten aus dem Eisgebirge Blöcke heraus.

„Sie schaffen das Eis in den tiefsten Brauereikeller", sagte die Mutter. „Das machen sie jeden Winter. Im Sommer wird das Bier mit dem Eis aus dem Rhein gekühlt."

„Ich weiß es", sagte Tilla. „Mit solchen Blöcken kann man auch Pfeiler bauen. Wenn der Christian das gemacht hätte, Mutter, ich sag dir, die Brücke sähe aus wie die Engelsbrücke in Rom. Ich hab es in Lehrer Pannbeckers' Buch selbst gesehen."

„Lehrer Pannbeckers' Bücher, die verdrehen dir noch völlig den Kopf", seufzte die Mutter. „Aber nun schnell nach Hause. Sonst liegst du morgen wieder krank auf der Nase."

„Morgen bin ich gesund, Mutter, ganz bestimmt."

Der Auftrag

Als Tilla am fünften Brückentag aus der Schule kam, da sagte die Mutter zu ihr: „Tilla, zieh dich nach dem Mittagessen warm an. Heute gehst du über die Brücke auf die andere Rheinseite. Du sollst dort Eier kaufen."

„Eier? Eier gibt's doch auch hier im Dorf."

„Ja", gab die Mutter zu. „Aber hier sind die Hühner bei dem Frost wohl hinten zugefroren. Jedenfalls legen sie wenig und die Eier sind teuer. Linksrheinisch sollen sie billiger sein."

34

Tilla hatte wenig Lust, mit den zerbrechlichen Eiern über die glatten Straßen zu laufen. Lieber wäre sie ohne Aufträge an den Rhein gegangen. Aber wenn Mutter sagte: „Tilla, tu das und das", dann spielten Lust oder nicht Lust für sie keine Rolle. Das wusste Tilla nur zu gut. Meist sah sie auch ein, dass Mutter Hilfe brauchte. Tilla war das älteste Kind in der Familie. Ihre jüngere Schwester Gertrud gehörte zu den Meurerkindern, und dann gab es noch vier kleinere Brüder. Eberhard war gerade erst zwei Jahre alt geworden. Wenn Tilla sich nicht täuschte, dann war bei den Meurers im Sommer erneut ein Baby zu erwarten.

Sieben Kinder, das war damals in Alsum nicht viel und nicht wenig. Zum Glück hatte Vater Meurer Arbeit in der Eisenhütte. Zwölf Stunden dauerte sein Arbeitstag, ein langer, schwerer Tag am Hochofen, dort, wo das Eisenerz geschmolzen wird und das Roheisen weiß glühend in die Sandformen läuft und zu Eisenbarren erstarrt. Eine schwere Arbeit war das. Viel Arbeit, doch bei dem Lohn, den Franz Meurer jeden Freitag in einer kleinen Papiertüte nach Hause trug, da sah es anders aus. Das war keineswegs viel. Die Meurers lebten damit recht und schlecht. Tillas Mutter musste oft genug den Pfennig umdrehen, bevor sie ihn ausgab.

Tilla streifte sich nach dem Essen ihren Mantel über, zog die Wollmütze bis über die Ohren und schlug sich den roten Schal fest um den Hals.

Dann schlüpfte sie in die Holzschuhe, die Mutter für sie beim Holzschuhmacher Peters gekauft hatte. Vorn über die ganze Spitze hin hatte sie mit einem glühenden Nagel kunstvoll die Anfangsbuchstaben ihres Namens eingebrannt. MM für Mathilde Meurer stand da mit vierhundertvierundvierzig kleinen Brennpunkten.

Lehrer Pannbeckers hatte sie gelobt und gesagt: „Die Tilla Meurer wird mal eine richtige Erfinderin."

Von allen Kindern hatte er verlangt, dass sie ihr Namenszeichen in die Holzschuhe brennen ließen. Er war es leid, dass es immer wieder ein Gerangel gab, wenn die Schule aus war und die Kinder auf dem Schulflur nach ihren Holzschuhen suchten. Denn Holzschuhe sehen ohne Namenszeichen ziemlich gleich aus, besonders wenn die meisten von demselben Holzschuhmacher stammen. Lehrer Pannbeckers bestand darauf, dass die Kinder vor Beginn des Unterrichts ihre Holzschuhe in Reih und Glied auf dem Flur abstellten. „Sonst ist das Geklapper auf dem Bretterboden in der Klasse ja zum Verrücktwerden", hatte er gesagt. Und das stimmte wohl auch.

„Auf dem Eis wären Lederschuhe besser", sagte Tilla.

„Nur die Bauernkinder haben für sonntags ein Paar Lederschuhe", sagte die Mutter. „Lederschuhe können wir uns nicht leisten."

„Aber auf dem Eis wären Lederschuhe doch besser", beharrte Tilla. „Holzschuhe rutschen. Das ist für die Eier im Korb nicht gut."

„Sei eben vorsichtig, Kind", sagte die Mutter.

Sie steckte Tilla ein silbernes Zweimarkstück in den linken Fausthandschuh. „Für die Eier." In den rechten ließ sie zwei Zweipfennigstücke gleiten.

„Brückengeld, klar", sagte Tilla und lief los.

Zu dieser Tageszeit kurz nach Mittag ging es an der Brücke ruhig zu. Kaum ein Mensch war zu sehen. Hein Kaldewitt stand am Aufgang zur Brücke und hatte sich mit dem Rücken gegen einen Eisblock gelehnt.

Um seinen Nacken hatte er eine Lederschnur gelegt. Daran baumelte eine Geldtasche schlaff vor seinem Bauch. Viele Geldstücke konnten noch nicht darin sein.

„Tag, Hein", grüßte Tilla den Knecht.

„Tag, Kind", erwiderte er mürrisch. „Willst du nach drüben?"

„Ja, Hein. Ich soll Eier kaufen."

Hein trat träge einen Schritt auf sie zu

und schnippte den Verschluss der Geldtasche auf.

Ohne ein Wort zu sagen, hielt er Tilla die geöffnete Hand entgegen.

Tilla aber dachte nicht daran, ein Zweipfennigstück aus ihrem Handschuh zu nehmen.

„Na?", fragte Hein.

Tilla sagte: „Du kennst mich doch, Hein."

„Bist du nicht die Älteste von Meurers Franz?"

„Ja", antwortete Tilla.

„Bist du schon vierzehn?"

„Warum fragst du das, Hein?"

„Weil's ab vierzehn hier 'nen Groschen kostet."

„Ich bin noch nicht vierzehn und ich will keinen Groschen und auch keine zwei Pfennige bezahlen."

„Aber über die Brücke willst du gehen!", schimpfte Hein. „So weit kommt das noch. Hier zahlt jeder, ob ich ihn kenne oder nicht. Wo kämen wir denn hin ..."

„Aber ohne mich gäbe es die Brücke gar nicht, Hein."

„Gäbe es die Brücke gar nicht?", wiederholte Hein verwundert.

„Ganz bestimmt nicht. Frag den Christian. Der kann's dir auch sagen."

„Der Christian steht drüben am anderen Ufer an der Kasse. Ich gehe hier nicht von meinem

Posten weg. Es könnte ja einer kommen und rüberwollen."

Er lehnte sich wieder gegen den Eisblock. „Außerdem", knurrte er, „ich habe alle Tage hier mitgearbeitet. Ich wüsste nicht, dass ich ein Mädchen gesehen hätte, das uns geholfen hat. War ja schließlich auch keine Arbeit für Kinder."

„Aber ich hatte die Idee mit der Brücke, Hein. Ich hab's dem Christian eingeblasen."

„Hat er uns nichts von mitgeteilt, dein Christian. Überhaupt, was ist das schon, eine Idee? Kannst du was vorzeigen? So einen Sack voll Ideen? Oder nur ein einziges Pfund Idee oder so?"

„Ideen wachsen im Kopf", sagte Tilla.

Hein hob Tillas blonden Zopf ein wenig an und neckte sie: „Nichts zu sehen von Ideen, keine Spur davon. Und überhaupt, für deine Ideen kann ich mir nichts kaufen."

„Lässt du mich nun rüber oder nicht, Hein?"

„Sicher lasse ich dich nach drüben. Ich lasse hier jedes Kind auf die Brücke, das mir zwei Pfennige zahlt."

Es ging Tilla gar nicht mehr um die zwei Pfennige allein. Aber dass der Hein ihr die Ideen schlechtmachen wollte, das ging ihr gegen den Strich. Lehrer Pannbeckers hatte es oft und oft gesagt: „Ideen sind wichtig für die Menschheit." Und das glaubte Tilla dem Lehrer: „Ohne Ideen, da säßest du jetzt wahrscheinlich im Kuhstall vom Leyschen Gut. Keinen Pfennig hättest du ohne meine Ideen in der Tasche", maulte Tilla.

„Verschwinde, du Rotznase. Auch noch frech werden, wie? Verschwinde schnell, sonst mach ich dir Beine."

Tilla lief wütend ein Stück stromauf am Ufer entlang. „Der Christian hätte mich bestimmt ohne Geld durchgelassen", versuchte sie sich zu trösten.

Aber Christian war weit weg. Man konnte ihn am anderen Ufer in der klaren Winterluft klein und dünn stehen sehen.

In Lebensgefahr

Als Tilla schon eine Strecke weit von der Brücke entfernt war, da fiel ihr mit einem Male der Schmied Peerenbosch ein. Der war vor Jahren, als der Rhein auch zugefroren war, quer über das Eis geklettert. Keine Brücke hatte es damals gegeben. Und doch, er war heil hinübergekommen.

Sie schaute sich das Eisfeld genau an. Die

Schollen hatten sich wirr ineinander verkeilt, ein Drüber und Drunter, ein Hoch und Tief. Was dem Schmied Peerenbosch gelungen war, das musste sie doch auch schaffen? Sie würde es dem Hein schon zeigen.

Ohne weiter zu überlegen, begann Tilla in das Eis hineinzusteigen. Es ging gar nicht so übel und sie kam schneller vorwärts, als sie es vermutet hatte. Um die dicken und scharfkantigen Eisbrocken kletterte sie herum. Einige Male verschwand sie in so tiefen Eistälern, dass sie die Ufer und Dämme gar nicht mehr sehen konnte. Dann wieder kroch sie auf allen vieren schräg stehende Eisflächen empor und hielt Ausschau, damit sie die Richtung nicht verlor.

Sie hatte schon ein beträchtliches Stück des Weges hinter sich gebracht, als sie die Kälte zu spüren begann. Es kam ihr vor, als ob das Eis die Luft noch eisiger machte. Ihre Nasenspitze und ihre Hände begannen zu schmerzen und es fiel ihr schwer, die Finger zu bewegen.

Allmählich begriff sie, in welche Gefahr sie sich begeben hatte. Lehrer Pannbeckers' Geschichte von Stina Basendongk schoss ihr durch den Sinn. Sie fragte sich, ob sie selbst auch im Eise verloren gehen könne und ob der Holzschuhmacher Theo Peters in dunklen Nächten ihre Stimme hören würde. Die Angst verdoppelte ihre Kräfte. Sie erreichte die Kante einer ungewöhnlich großen, schräg stehenden Eisplatte. Sie schaute sich um. Mitten auf dem breiten Strom befand sie sich.

„Zurück ist es genauso weit und schwierig wie vorwärts", sprach sie leise zu sich. „Und drüben steht der Christian."

Die glattflächige Eisscholle, wohl an die vierzig Meter lang, ließ sie zu dem Entschluss kommen: Ich gehe doch weiter.

Sie warf noch einen Blick auf die fernliegende Brücke. Deutlich konnte sie den Christian an seiner schafsfellenen Lederjacke und der braunen Schirmmütze erkennen. Der Gedanke, der Christian wird mir sicher den leichteren Weg zurück über die Brücke erlauben und mir kein Brückengeld abnehmen, der Gedanke gab ihr neuen Mut.

Tilla stieß sich kräftig von der höchsten Kante der Eisscholle ab und schlitterte, erst langsam, aber dann schneller und schneller, auf ihren glatten Holzschuhen die Eisfläche abwärts.

Sie spürte den Luftzug im Gesicht. Das Ende ihres roten Schals flatterte im Wind. Wenn's doch nur häufiger so schnell ginge!, dachte Tilla.

Aber dann sah sie am Ende der Scholle den Spalt. Schwarz und gezackt wie ein Blitz zog er sich an der unteren Schollenkante entlang, viel zu breit, um ihn mit einem Sprung überwinden zu können.

Tilla ließ sich rücklings auf den Boden fallen, breitete die Arme und Beine weit aus und versuchte, die schnelle Fahrt zu stoppen. Das gelang ihr. Dicht vor der Spalte fand sie auf einer aufgerauten Stelle Halt.

Beim Fall aber hatte sich ein Holzschuh von ihrem Fuße gelöst, glitt weiter, auf die Spalte zu, ganz langsam zum Schluss, wippte einmal auf der Eiskante, bekam das Übergewicht und stürzte hinab.

Tilla rappelte sich auf und ging mit Hühnerschritten an die Eiskante heran. Tief unten im Abgrund, dort wo die Spalte zusammenlief, sah sie ihren Holzschuh. Er war eingeklemmt. Sie konnte die eingebrannten Anfangsbuchstaben ihres Namens MM deutlich lesen.

Sie wusste gleich, dass es keinen Weg gab, den Holzschuh wieder emporzuholen. Da stand das Mädchen wie ein Storch, den linken Fuß mit dem Holzschuh fest auf dem Eis und den rechten mit dem Wollsocken hoch an den Körper gezogen. Jedes Mal, wenn sie diesen Fuß kurz auf das Eis stellte, spürte sie die Kälte wie ein Messer und zuckte zurück.

Jetzt wusste Tilla, dass es um Leben und Tod ging. Sollte sie im Eis erfrieren? Einen Augenblick stand sie starr und wie gelähmt. Schnat-

ternd sprach sie laut und doch nur zu sich
selbst:

„Unter meinem blonden Zopf
in dem klugen, hellen Kopf
wohl tausend und mehr Ideen sind."

Sie weinte und lachte zugleich.
„Tausend sind nicht nötig", schrie sie. „Nur
eine Idee, lieber Gott, gib mir nur eine einzige
Idee, damit ich hier wieder lebendig heraus-
komme."
Sie humpelte den Weg zurück, die Eisscholle
aufwärts, glitt zweimal aus, aber gab nicht auf.
Endlich erreichte sie die obere Kante der Schol-
le.
Sie fühlte nicht mehr, dass sie überhaupt ei-
nen rechten Fuß besaß. Steif waren die Hände.
Sie richtete sich auf. Dort drüben am anderen
Ufer, fern und klein, stand Christian.
Erst sprach Tilla ziemlich leise: „Christian,
Christian, schau bitte, bitte her und hilf mir."
Aber dann schallte es schrill wie ein Möwen-
schrei über den Rhein und der Schrei wurde
von den Eiswänden wie ein Echo hin und her
geworfen.
„Christian, Christian! Hilfe!"
Der Knecht hörte irgendetwas, legte seine
Hand über den Mützenschirm, dass die Sonne

ihn nicht blenden konnte, und spähte in das Eisfeld. Das sah Tilla. Sie reckte sich hoch auf, riss den roten Schal vom Hals und schwenkte ihn durch die Luft.

„Christian! Christian!", rief sie so laut, dass ihre Stimme überschnappte.

Christian sah, dass sich mitten auf dem Strom etwas bewegte. Er achtete nicht länger auf die Kasse, rannte am Ufer entlang und begann in das Eisfeld zu steigen.

Tilla kauerte sich zusammen. Ihre Zähne schlugen gegeneinander. Gelegentlich verlor sie Christian aus den Augen, auch weil sie fast blind vom Weinen war.

Endlich stampfte der Knecht die weite Eisflä-che aufwärts der Tilla entgegen. Schon im Lauf riss er sich die Schafsfelljacke vom Kör-per. Christian erreichte das Mädchen, schlug sie in den Pelz ein, hob sie auf den Arm und trug sie durch das Eisgebirge bis ans Ufer.

„Tilla, Tilla", keuchte er mehrmals, „du machst vielleicht Sachen!"

„Der Hein wollte mich nicht ohne Geld über die Brücke gehen lassen, Christian. Und es war doch meine Idee."

„Ja, Tilla. Ohne dich gäbe es die Brücke nicht."

„Und die Pfeiler, die habt ihr nicht gebaut, Christian, Pfeiler wie an der Engelsbrücke in Rom."

45

Sie redet schon alles durcheinander, dachte Christian voller Sorge.

Am Ufer hatte sich bereits eine Gruppe von Neugierigen versammelt. Christian hielt sich nicht damit auf. Er begann zu rennen und trug das Mädchen zu den Meurers nach Haus.

Krankenpflege

Tillas Mutter musste sich setzen, so fuhr ihr der Schreck in die Glieder. Sie fasste mit beiden Händen ihren Leib und fühlte, wie sich das neue Kind in ihr zum ersten Mal bewegte.

„Trag mir die Tilla ins Bett", bat sie den Christian. Sie ging voran, aber nicht in die Kammer, in der die beiden Mädchen ihr Bett stehen hatten. Sie öffnete die Tür zum Elternschlafzimmer. Da stand das breite braune Ehebett, fest und aus Eichenholz getischlert. „Danke, Christian", sagte Tillas Mutter. „Ich mach's wieder gut."

Christian murmelte etwas von „selbstverständlich" und „hätte doch jeder getan", griff nach seiner Lederjacke und ging hinaus.

An der Tür drehte er sich um und sagte noch:

„Wenn sie sich nur keine Lungenentzündung geholt hat."

Tilla wurde von der Mutter ausgezogen und in das breite Bett gelegt. Mit dem riesigen Oberbett deckte die Mutter das Kind bis zur Nasenspitze zu. „Polnische Daunenfedern", sagte sie. Das Wort „Lungenentzündung" hatte sie mit Schrecken erfüllt. Sie rannte in die Küche und holte die Wärmflasche der armen Leute herbei. Das war ein gewöhnlicher brauner Ziegelstein, der den ganzen Tag über im Backofen des Küchenherdes aufgeheizt wurde und dann, in ein Tuch eingeschlagen, das Bett wärmte.

„Schwitzen musst du, Kind", sagte die Mutter. „Du musst die Krankheit ausschwitzen."

Allmählich taute Tilla auf. Sie ahnte, dass ihre Mutter es nicht mit der Wärmflasche und dem Daunenoberbett bewenden ließ. Und richtig, Mutter griff nach der blauen Blechdose, die ganz oben im Küchenschrank ihren Platz hatte. Zwar stand in schwarzen, verschnörkelten Buchstaben „Columbus-Kaffee" auf der Dose, aber sie enthielt keineswegs Kaffeebohnen. In der Dose war eine Teemischung. Tillas Mutter hatte von ihrer Mutter gelernt, welche Pflanzen man das Jahr über sammeln und trocknen musste, um diesen Tee zu bekommen. Er half, davon waren alle im Dorf überzeugt, gegen viele Krankheiten.

Im Frühsommer konnte man sehen, wie Lisa Meurer von den Linden besonders ausgewählte Blüten zupfte. Aber auch junge Brombeerblätter, Beifuß und Hirtentäschelkraut gehörten zu ihren Rezepturen sowie Salbei aus den Rheinwiesen. Woraus sich allerdings die Mischung von Meurers Tee genau zusammensetzte, das verriet Tillas Mutter keinem. Noch nicht. Aber irgendwann würde Tilla es von ihr gesagt bekommen.

Wurde im Dorf jemand krank, dann gab Lisa Meurer bereitwillig von ihrem Tee aus der blauen Büchse. Weil der nächste Arzt weit weg wohnte und für jede Hilfe bezahlt werden musste, deshalb versuchten es fast alle zunächst mit Meurers Tee.

Der Lehrer, der im Allgemeinen nichts von solchen geheimen Künsten hielt, erklärte die Heilkraft, indem er sagte: „Der Tee schmeckt so bitter, dass jede Krankheit erschrickt und aus dem Körper hinausfährt."

Eine große Tasse des Gebräus musste Tilla leeren. Sie begann zu schwitzen wie ein Bär. Erst perlten die Tröpfchen von ihrer Stirn, danach rieselte es aus ihrem Körper wie aus hundert kleinen Quellen.

Eine halbe Stunde lang wachte die Mutter darüber, dass Tilla gut zugedeckt blieb und sich kein noch so winziges Luftloch aufwühlte.

Dann schaffte sie eine große runde Blechschüssel herbei, stellte sie auf einen Stuhl und goss eiskaltes Winterwasser hinein. Aus einem Wäschefach nahm sie ein frisches Leinentuch, faltete es auseinander und tauchte es in das eiskalte Wasser. Ein Handtuch hängte sie griffbereit über die Stuhllehne. Ihrer Tochter Gertrud befahl sie, Tillas Nachthemd aus der Mädchenkammer zu holen.

Mit einem Griff riss sie das große Oberbett zurück. Tilla musste sich auf die Seegrasmatratze stellen und wurde – mir nichts, dir nichts – in das nasse Bettlaken eingeschlagen und abgerieben. Dann trocknete die Mutter flink ihre Tochter ab, streifte ihr das Nachthemd über und trug sie in die Mädchenkammer ins Bett. Die Mutter bat Gertrud:

„Bring mir mein Wolltuch."

Im Mädchenzimmer war es kalt. Während der Wintermonate war nur die Küche ein angenehm warmer Ort. In allen anderen Zimmern blühten die Eisblumen an den Fenstern. Kohlen waren teuer.

Tillas Mutter schlug sich fest in das Wolltuch ein und setzte sich zu Tilla auf die Bettkante.

„Ich wollte doch nur ...", sagte Tilla leise.

„Lass nur, ist schon gut", redete die Mutter dem Kind beruhigend zu, „du musst jetzt schlafen."

„Es war doch nur wegen der Idee", murmelte Tilla erschöpft und schon halb im Traum.

Als Tillas Vater von der Arbeit nach Hause kam, war es längst dunkel. Er hörte, was geschehen war, nahm die Petroleumlampe von der Wand und ging leise auf Socken zu Tilla hinüber. Das Mädchen schlief. Er berührte ihre Stirn.

„Fieber hat sie nicht", sagte er erleichtert, als er wieder in die Küche zurückkam. „An dir, Lisa, ist eine Ärztin verloren gegangen."

„Das Kind hat sich heute zum ersten Mal in mir gerührt, Franz", sagte Tillas Mutter. Sie sah sorgenvoll aus.

„Wo sechs satt werden, Lisa, da wird auch ein siebtes nicht hungern müssen", tröstete Tillas Vater sie. Aber sehr überzeugend klang seine Stimme nicht. Er war im Herbst drei Wochen lang krank gewesen und hatte nicht arbeiten können. Die paar Mark, die Lisa auf die hohe Kante gelegt hatte, waren bald aufgebraucht. Beim Kaufmann waren noch vier Taler Schulden angeschrieben. Er hatte schon zweimal das Geld angemahnt. Aber woher sollten die Meurers es nehmen?

Später kam Christian noch auf einen Sprung ins Haus. „Wie geht es unserer Eisprinzessin?", fragte er.

„Wir wollen hoffen, dass sie sich nichts Böses

in der Kälte geholt hat", antwortete Tillas Mutter.

„Ich hab es im ‚Goldenen Schwan' allen erzählt, dass die Idee mit der Brücke von Tilla kam."

„Lass gut sein, Christian", sagte Franz Meurer.

Er schüttete für Christian einen großen Schnaps ein und goss auch für sich ein Gläschen randvoll. Er stand auf und sprach: „Ich danke dir, Christian van Bemmel." Es klang ganz feierlich.

„Wir hätten ...", er räusperte sich und schloss dann: „Wir hätten unsere Tilla sehr vermisst."

„Ich hätte sie auch vermisst", gestand Christian.

„Und der Lehrer hat gesagt, er hätte noch nie vorher eine bessere Hilfe in der Schule gehabt. Geschimpft hat er übrigens mit dem Hein und mit uns allen, der Lehrer Pannbeckers. Man konnte es merken, er hätte am liebsten seinen Stock aus der Schule geholt und uns durchgeprügelt. ‚Ideen sind für die Menschheit wichtig', hat er gesagt. Das müsste doch endlich und endgültig in unsere Holzköpfe rein, dass die Ideen für die Menschheit wichtig sind. Daraufhin hat der Hein, der schon einen halben Liter Bier über den Durst getrunken hatte, das

Lied von der Tilla angestimmt und wir haben alle laut mitgesungen:

‚Tilla Meurer ist ein Sonntagskind.
Unter ihrem blonden Zopf
in dem klugen, hellen Kopf
wohl tausend und mehr Ideen sind.'

Alle sieben Strophen haben wir gesungen. Da hat der Lehrer gesagt, singen wäre nicht schlecht, aber notwendig wär's, dass wir das wiedergutmachen würden, das mit der Tilla."

„Was gibt's da gutzumachen?", seufzte Tillas Mutter.

„Nun", antwortete Christian, „wir haben uns etwas Schönes einfallen lassen. Zunächst mal soll die Tilla ihren Anteil mitbekommen, wenn wir das Brückengeld unter uns aufteilen. Dann ist da noch etwas, aber das darf ich noch nicht verraten. Der Lehrer ist darauf gekommen. Ist mehr was Geistiges. Mehr darf ich heute nicht sagen."

Christian stand auf, trank den letzten Rest aus seinem Glas und sagte:

„Gute Nacht denn auch."

„Ich gehe ins Bett", sagte Tillas Vater und reckte sich. „Morgen früh ist die Nacht herum."

Mittelpunkt der Klasse

In aller Frühe wachte Tilla auf. Es war noch stockdunkel. Sie fühlte sich frisch und munter. In der Küche hörte sie Geschirr klappern. Die Schwester neben ihr schlief noch fest. Leise schlüpfte Tilla aus dem Bett, hängte sich eine Wolldecke um und zog die warmen Pantoffeln an. Sie ging ans Fenster. Die Scheiben waren mit Eisblumen überzogen. Tilla hauchte ein kleines Guckloch ins Eis. Der Morgenstern funkelte und eine schmale Mondsichel stand klar am Himmel.

Frost, dachte Tilla. Auch heute noch Frost. Sie ging in die Küche. Die Knie waren ihr noch ein wenig wacklig, aber der Kopf war klar.

„Schon aufgestanden?", fragte Mutter.

Sie füllte gerade den Rest vom Grünkohl, den es am Vortag zu Mittag gegeben hatte, in einen Blechtopf. Vater nahm jeden Tag den Topf mit zum Werk. Dort wurde das Essen in einem Wasserbad aufgewärmt und in der halbstündigen Mittagspause verzehrt.

Vater stand vor dem Spiegel und rasierte sich. Sorgfältig seifte er das Gesicht schaumig ein und schabte dann mit dem blanken Rasiermesser Seifenschaum und Bartstoppeln ab.

„Wie geht es dir, Tilla?", fragte er.

„Gut, Vater."

Mutter griff nach ihrer Hand und sagte: „Fieber hat sie jedenfalls keins. Gott sei Dank."

„Lisa Meurers Tee ist doch ein Wundermittel", lobte Vater. „Aber vielleicht sollte Tilla heute noch nicht zur Schule gehen."

Dieses Angebot wäre Tilla an anderen Tagen sehr willkommen gewesen, aber sie wusste, wenn sie nicht zur Schule ging, dann durfte sie den ganzen Tag über das Haus nicht verlassen. Und immer noch hatte sie ja keinen Fuß auf die Brücke gesetzt.

„Wer weiß, wie lange der Frost noch anhält", murmelte sie.

„Bitte?", fragte der Vater.

„Frostwetter soll gesund sein", antwortete Tilla schnell. „Ich will doch zur Schule."

Sie frühstückte mit Mutter und Vater. An den anderen Tagen war Vater längst zur Arbeit, wenn die Kinder aufstanden. Im Winter ging er aus dem Haus, wenn es noch dunkel war, und kam vom Werk zurück, wenn die Sterne schon leuchteten. Von sechs Uhr morgens bis sechs Uhr abends dauerte sein Arbeitstag.

In der Schule bullerte der hohe Kanonenofen, als Tilla in das Klassenzimmer kam. Es war angenehm warm. Lehrer Pannbeckers heizte bei kaltem Wetter schon um halb sieben den

Ofen an. Er war ein Frühaufsteher. Einer seiner Lieblingssprüche war:

„Morgenstund hat Gold im Mund."

„Und Blei an den Füßen", zischelte dann Fritz van Geldern so, dass der Lehrer es nicht hören konnte.

Tilla war an diesem Morgen der Mittelpunkt in der Klasse.

„Sie ist dem Tod von der Schaufel gesprungen", sagte Lehrer Pannbeckers. Er warnte erneut die Kinder vor den Gefahren des Rheins, der sommers wie winters darauf lauerte, Menschen ins nasse Grab zu zerren.

Die Kinder wollten wissen, ob Tilla nicht die Stimme von Stina Basendongk vernommen habe, die das Eis festgehalten hatte und die doch irgendwo weit draußen ihr gespenstisches Wesen treiben sollte; ob der Wassermann ihr tatsächlich beide Holzschuhe von den Füßen gezogen habe; ob es stimme, dass der heilige Christophorus sie auf den Schultern ans Ufer zurückgetragen habe.

Tilla wunderte sich, wie schnell sich Gerüchte aufblähen können, und gab geduldig Auskunft. Aber es war seltsam, die meisten Kinder dachten bei sich, dass Tilla die geheimnisvollen Begebenheiten nur nicht erzählen wollte, und blieben davon überzeugt, dass es nicht der Knecht Christian gewesen war, der Tilla gerettet hatte, sondern der mächtige Riese Christophorus persönlich.

Als zu Beginn der großen Pause Fritz van Geldern eine braune, saftige Winterbirne vor Tilla auf die Bank legte und sagte: „Wenn du uns von Stina Basendongk erzählst, dann schenke ich dir die Birne", da stach Tilla der Hafer. Sie flunkerte munter drauflos. Tatsächlich habe sie in einem wasserhellen Eisblock die Stina gesehen und die habe ihr zugewinkt. Wie von ganz weit weg sei eine gläserne Stimme an ihr Ohr gedrungen: „Komm doch, Tilla, komm, ich bin so allein. Komm und bleib bei mir." Ganz bleich sei das Mädchen gewesen und habe ein Gewand aus tausend Schleiern mit lauter Eisblumen darin getragen.

Als Tilla zu dem ertrunkenen Mädchen nichts mehr einfallen wollte, da schloss sie: „Aber dann ist mit einem Male ein grüner Nix gekommen. Der hat eine Krone aus lauter Perlen auf seinem Haupt gehabt. Sein Haar ist aus zottigem Wassermoos gewesen. Der Nix hat die Stina bei der Hand genommen und in die Tiefe gezogen. Ganz traurig hat mir die Stina mit ihrer anderen Hand zugewinkt und ihr Bild im Eisblock ist blasser und blasser geworden und schließlich verschwunden."

„Gut, dass du ihr nicht gefolgt bist", seufzte

Fritz. Tilla steckte die Birne in ihre Schulta-
sche.

Aber dann lag ein Apfel von Grete Rütters da.
Ihr erzählte Tilla von dem gewaltig großen
Christophorus.

Jutta Clemens schenkte ihr ein Zuckerbonbon
und Wilhelmine Geußen bot eine Hand voll
Haselnüsse, wenn sie erzählen wollte, wie der
Wassermann ihr die Holzschuhe von den Füßen gezogen habe.

Lehrer Pannbeckers, der stets in der großen
Pause ins Obergeschoss des Schulgebäudes in
seine Wohnung ging und dort eine Tasse Kaf-
fee trank, fand es sonderbar, dass es im Klassenraum während der ganzen Pause mäus-
chenstill blieb.

Behutsam öffnete er die Tür. Da hockten die
Kinder alle um Tillas Platz herum und sperr-
ten Mund und Ohren auf. Der Lehrer blieb in
der dunklen Ecke neben dem Schrank stehen
und lauschte ebenfalls Tillas Geschichten. Es
war inzwischen mehr als eine Stunde vergan-
gen und mancherlei Schätze hatten sich in Tillas Tasche gesammelt, da klopfte er mit dem
Knöchel gegen den Schrank.

Erschreckt fuhren die Kinder herum und kamen wie aus einem Andersland in die Schul-
stube zurück.

„Dass du mir eine große Hilfe bist, Tilla, das

wusste ich bereits", sagte der Lehrer. „Aber dass du auch herrliche Geschichten erfinden kannst, das ist mir neu. Du bist wirklich eine Erfinderin."

Tilla bekam einen roten Kopf.

Später, als die Schule aus war, blieb sie in der Klasse zurück, bis alle Kinder den Raum verlassen hatten. Dann trat sie zu dem Lehrer ans Pult und sagte verlegen:

„Herr Lehrer, ich werde die Birne und den Apfel, die Nüsse und das Bonbon, ich werde alles zurückgeben, was die anderen mir gegeben haben."

Der Lehrer nahm seine Brille ab, schaute Tilla lange an und sagte dann:

„Das ist nicht nötig und auch nicht richtig."

Er schwieg eine Weile und fuhr dann fort:

„Sieh mich an. Wie viele Gedichte habe ich in meinem Leben schon gemacht, meist, weil die Kinder mich darum baten. Der Fritz wollte ein Gedicht haben, das er bei der Goldhochzeit seiner Großeltern aufsagen wollte. Grete Rütters' Vater wurde fünfzig Jahre alt. Ich habe ihr ein Gedicht aufgesetzt. Zur Geburt, zur Verlobung, zur Hochzeit, zum Jubiläum, für den Schützenkönig, zur Einweihung des Denkmals, immer und immer sagen sie hier im Dorf: ‚Geh zum Lehrer, der macht dir ein Gedicht.' Niemals, Tilla, niemals hat mir auch nur einer etwas dafür gegeben. Keine Wurst, wenn geschlachtet wurde, keinen Korb Äpfel, selbst wenn die Bäume sich bogen, nichts. Nichts. Sie haben nie daran gedacht, dass Wörter, dass Gedichte, dass Geschichten etwas Schönes sind, schön wie ein neuer Stuhl, den der Tischler gemacht hat, schön wie eine Figur, die der Bilderschnitzer aus dem Holz holt. Heute aber haben die Kinder es gespürt, dass jede gute Geschichte ihren Lohn wert ist. Und du, Tilla, du hast dir den Lohn für deine Geschichten redlich verdient."

„Danke, Herr Lehrer", sagte Tilla. Einen Augenblick zögerte sie, aber dann griff sie in ihre Tasche, holte die braune Birne hervor, legte sie dem Lehrer aufs Pult, flüsterte: „Für das Tilla-Gedicht", und rannte aus dem Klassenzimmer hinaus.

„Du solltest dich an der Eisbrücke sehen lassen", rief der Lehrer ihr nach.

Aber das hätte Tilla keiner zu sagen brauchen.

Pfeiler und Mauern

Kaum hatte sie nach dem Essen das Geschirr gespült, da rannte sie los. Mehrmals musste sie Atempausen einlegen. Sie spürte deutlich, dass sie krank gewesen war.

Oben auf der Deichkrone blieb sie stehen, starr vor Verblüffung. Ihr wurde schwindlig. Spielte ihr die Fantasie einen Streich? Sie rieb sich die Augen, aber das Bild am Fluss änderte sich nicht. Gleich am Brückenaufgang waren aus Eisblöcken Pfeiler gebaut worden, rechts und links je einer. Sie ragten übermannshoch in den Himmel. Mit schwarzer Farbe stand in großen Buchstaben auf dem linken Pfeiler geschrieben:

IDEEN SIND WICHTIG

Und auf dem rechten Pfeiler stand:

TILLA-MEURER-BRÜCKE

Tilla lief den Damm hinab wie auf Wolken, über die Flussaue hin bis zur Brücke. Da warteten Christian und Hein und hatten ihre Geldtaschen um den Hals gehängt.

„Möchten Sie rüber auf die andere Seite?", fragte Christian scheinheilig. „Kostet für Sie, Fräulein, heute nur einen Groschen."

Aber dann konnte er das Lachen nicht mehr zurückhalten, fasste Tilla bei den Schultern und fragte: „Na, bist du mit uns zufrieden?"

„Ja, das bin ich", sagte Tilla. „Aber jetzt möchte ich endlich zu Fuß über den Rhein gehen."

„Immer diese Ausnahmen", murrte Hein. Ihm schien das Ganze nicht besonders zu gefallen.

„Ich muss auch nach drüben", sagte Christian. „Ich will den Peter an der Kasse ablösen." Er fasste Tilla bei der Hand. Es war ein seltsames Gefühl für das Mädchen, über das Eis zu laufen.

Sie dachte daran, dass unter ihren Holzschuhen das Wasser fünf Meter tief oder tiefer war. Rechts und links des Weges ragten an manchen Stellen Eiswände steil empor.

„Doch wie bei Moses", sagte sie.

„Spinnst du schon wieder?", fragte Christian.

„Nein, nein. Es steht in der Bibel von Lehrer Pannbeckers: ‚Links und rechts stand das Wasser wie eine Mauer, als Moses das Volk Israel durch das Rote Meer führte.'"

„Du mit deinen Büchern", spottete Christian.

„Erstens ist im Roten Meer Salzwasser, zweitens gibt es dort, wo das Rote Meer ist, überhaupt niemals Frost."

„Woher weißt du das, Christian?"

„Ich habe mir von Lehrer Pannbeckers das

Buch von der Welt ausgeliehen. Da steht es so drin."

Tilla lief an diesem Tag noch viermal übers Eis. Einmal kniete sie sich nieder und legte für eine Sekunde ihr Ohr auf eine Eisscholle. Es war, als ob sie unten, ganz unten das Wasser rauschen hörte.

Der Frost hielt sich noch eine ganze Woche lang. Jeden Tag kamen Frauen und Männer und Kinder und benutzten die Brücke. Ohne zu zaudern, zahlten sie das Brückengeld. Wenn es nach dem Willen der Knechte gegangen wäre, dann hätte es ruhig noch einen Monat oder länger so weitergehen sollen. Aber das Wetter achtet nicht auf das, was die Menschen wollen.

Der Wind drehte sich. Die klare, kalte Winterluft wich einem heftigen, wärmeren Sturm, der von Holland her über das Land blies. Wolken zogen auf. Die dünne Schneeschicht schmolz und es tropfte und träufelte von allen Dächern. Das Eis nahm eine schmutzig graue Färbung an.

Mitten in der Nacht schreckten die Leute aus dem Schlaf auf. Zischen, Quirlen, Donnern, Krachen tönte vom Strom herüber.

„Schlaft, Kinder, schlaft", sagte Vater Meurer. „Das Wasser kommt vom oberen Rhein und spült das Eis auf."

„Und wo bleibt das alles?", fragte Gertrud schlaftrunken.

„Ab nach Holland, weit ins Meer", antwortete Tilla.

„Stimmt das, Papa?", rief Gertrud.

„Wird wohl so sein", sagte der Vater.

„Meine schöne Brücke", murmelte Tilla. Dann schlief sie wieder ein.

Was übrig bleibt

Am nächsten Tag regnete es Bindfäden. Trotzdem wagte sich Tilla kurz auf den Deich. Der Strom führte hellbraunes Wasser. Hohe Wellen mit weißen Schaumkronen schlugen gegen das Ufer. Von der ganzen Eisherrlichkeit war nichts mehr übrig geblieben. Oder doch?

Tilla sah durch die Regenschleier hindurch einen riesengroßen Eisblock dicht unterhalb des Deiches liegen. Er war fast so groß wie das Haus von Holzschuhmacher Peters. Die gewaltige Flutwelle hatte ihn weit auf das Ufer gespült. Dann hatte das Wasser sich verlaufen und nicht mehr genügend Kraft besessen, den Eisbrocken wegzuschwemmen.

In der Schule wollte zunächst niemand glauben, dass das Eis auf der Wiese lag. Als jedoch der Regen nachließ und die Frühlingssonne sich hervorwagte, da liefen die Kinder los und bestaunten den Eisblock.

Der funkelte in der Sonne gelb und grün und rot und blau wie ein kostbarer Edelstein.

Den Kindern folgten die Großen und wollten das Eiswunder sehen. Sosehr die Sonne auch an Kraft gewann, der Eisberg schmolz nur ganz, ganz allmählich.

Erst im hohen Sommer, als die großen Schulferien schon vor der Tür standen, war das Eis ganz weggeschmolzen.

In der sattgrünen Uferwiese aber, dort, wo der Block gelegen hatte, blieb ein rabenschwarzer Fleck zurück. Kein Kraut wuchs in jenem Jahre mehr an dieser Stelle. Der Holzschuhmacher Peters sagte, das sei ein Hexentanzplatz. Aber alle haben es nicht geglaubt. Beim Teilen des Geldes im „Goldenen Schwan" hat die Tilla, wie die Knechte auch, vierundzwanzig Silbertaler, sieben Groschen und vier Pfennige bekommen. Die Meurers konnten ihre Schulden bezahlen. Bei Holzschuhmacher Theo Peters wurde für Tilla ein neues Paar Holzschuhe bestellt.

„Endlich können wir die Strohsäcke in den Kinderbetten wegwerfen", sagte Lisa Meurer,

„endlich bekommen auch die Kinder eine See-grasmatratze."

Und doch hat es beim Geldverteilen Streit gegeben.

Der Bauer Drevenaar forderte seinen Anteil, weil er das Gerät ausgeliehen hatte. Da hat der Hein vom Leyschen Gut ihm einen einzigen Pfennig auf die Tischplatte gelegt.

„So war's ja ausgemacht", hat er gesagt, „einen Pfennig wolltest du haben, Bauer."

„Von jedem Groschen, den ihr eingenommen habt, gehört mir ein Pfennig!", schrie der Bauer empört.

Da hat jedoch selbst Lehrer Pannbeckers zugeben müssen, dass das nicht verabredet war. Nur ein Pfennig soll mir gehören, das habe der Bauer gesagt. Den Pfennig hat der Bauer nicht genommen und ist zornig aus dem „Goldenen Schwan" hinausgerannt.

Mit dem Lehrer hat er ein ganzes Jahr lang kein Wort gewechselt. Aber Herr Pannbeckers hat's nicht schwer genommen. Den Kindern in der Schule hat er jedoch eingeschärft, dass jeder, der einen Vertrag abschließt, alles genau bedenken muss.

Eine Tilla-Meurer-Brücke über den Rhein wird es wohl nie mehr geben. Die Tilla ist ja später die Mutter von meiner Mutter geworden. Mir, dem kleinen Enkel, hat sie diese Geschichte oft erzählt. Tilla Lohgerber, geborene Meurer, meine Oma also, ist schon vor Jahren gestorben. Ihre Geschichten aber sollen weiterleben.

Ich weiß, dass der Rhein hier an seinem Unterlauf wohl nie mehr zufrieren wird. Zu viel Salz schütten die Menschen in das Wasser. Auch brauchen die Kraftwerke und Eisenhütten das Rheinwasser zum Kühlen. Sie leiten es dann aufgewärmt wieder in den Fluss zurück. Salziges und warmes Wasser aber friert nicht zu Eis.

So wird die Tilla-Meurer-Brücke wohl die letzte Eisbrücke in unserer Gegend gewesen sein.

Ich frage mich manchmal, was wohl mit Tillas Holzschuh geschehen ist, der in die Eisspalte stürzte. „Ab nach Holland ins Meer", hätte Tilla gesagt. Mag wohl sein.

Wenn also von all denen, die diese Geschichte lesen, je einer ans Meer nach Holland kommt und geht am Strand entlang und findet einen Holzschuh, dann soll er genau nachschauen, ob die Buchstaben MM mit einer glühenden Nadel darin eingebrannt worden sind. Der Leser weiß dann, wem dieser Schuh gehört hat. Sollte er auf den Gedanken kommen, mir den Schuh zu schicken, dann mache ich einen

Freudensprung. Ich packe zum Dank ein Päckchen mit einigen schönen Büchern. Deshalb: Absender nicht vergessen!

Meine **Oma** war Erfinderin

Auf Wohnungssuche

Meine Großmutter war wirklich eine große Erfinderin. Das hatte ihr Lehrer Pannbeckers schon vorausgesagt, als sie noch ein Kind war. Sie hatte meinen Großvater Martin Lohgerber geheiratet, als sie neunzehn Jahre alt war. Und der ahnte schon früh, dass er eine Erfinderin geheiratet hatte. Ihre wirklich tollste Erfindung war ..., aber das ist eine Geschichte, die von Anfang an erzählt werden muss.

Alles begann damit, dass Großmutter eine andere Wohnung suchte. Genau gesagt war sie damals noch gar nicht meine Großmutter, sondern erst Mutter. Das allerdings war sie gleich fünfmal. Ihre Kinder waren zwölf, elf, zehn, neun und vier Jahre alt. Großmutter wurde sie erst zehn Jahre später.

Damals suchte sie also eine neue Wohnung. Die alte bestand nur aus einer geräumigen Küche und zwei Schlafzimmern und war schon lange zu klein geworden. Aber Wohnungen waren in der großen Industriestadt schwer zu finden, wenn das Geld für eine hohe Miete nicht reichte, und viel Geld verdiente mein Großvater nun wirklich nicht.

Mein Großvater hieß Martin Lohgerber und arbeitete genau wie der Vater meiner Oma in der Hütte. Diese Hütte war jedoch kein kleines Haus. Die Hütte, das wusste bei uns jeder, die Hütte war eine riesige Fabrik. Dort wurde aus Eisenerz Eisen geschmolzen und Eisen wurde zu Stahl gekocht.

Und weil meine Großmutter geheiratet hatte, hieß sie auch nicht mehr Meurer, sondern Lohgerber. Das war früher immer so, dass die Frauen den Namen ihres Mannes annahmen. Aber Tilla wurde sie immer noch genannt, obwohl sie doch eigentlich Mathilde hieß.

„Tilla", sagte Martin eines Tages, „Tilla, wir brauchen eine größere Wohnung."

„Ja", antwortete sie, „es ist nicht leicht, eine passende Wohnung zu finden."

„Lass dir etwas einfallen", schlug Martin vor.

„Ja", sagte Tilla und murmelte unwillig: „Immer bin ich es, die sich etwas einfallen lassen muss."

Zu dieser Zeit wussten nur wenige, dass Tilla eine Erfinderin war. Und doch: Man hätte es damals schon merken können, dass eine richtige Erfinderin in der Stadt lebte. Sie bemalte nämlich ein Stück hellbraunes Packpapier und fragte die Bäckersfrau Bongert: „Darf ich das im Laden aushängen?"

Die antwortete: „Mach das nur, Tilla. Das war zwar noch nie da, aber die Leute lieben das Neue."

Und wenn etwas neu ist und noch nie da war, handelt es sich um eine Erfindung.

So erfand Tilla den Bäckereiaushang. Als sie am nächsten Morgen ein Brot kaufte, rief Frau Bongert: „Tilla, Frau Krulle hat dein Plakat gelesen. Sie hat deine schöne Schrift bewundert. Wer so ordentlich schreiben kann, hat sie gesagt, der ist sicher auch ein ordentlicher Mensch. Du sollst mal bei ihr vorsprechen. Die Krulles wohnen in der Donnersteinstraße. In ihrem Haus ist im ersten Stock eine Wohnung frei geworden. Sie soll geräumig sein und besteht aus einer Küche und vier Zimmern. Genau wie es auf dem Packpapier steht.“

Nicht einmal Fische im Glas

Am selben Abend noch sind Tilla und Martin zu Frau Krulle in die Donnersteinstraße gegangen.

„Eine ruhige Straße“, stellte Tilla fest.

„Es liegt aber Haus an Haus“, wandte Martin ein.

„Das ist hier in der Stadt fast überall so“, antwortete Tilla.

Von außen sah das Haus in der Donnerstein-

straße gut aus. Es war gelb getüncht. Drei
Fenster mit langen weißen Gardinen lagen zur
Straße hin. Die Haustür erreichte man über
zwei Treppenstufen. „Krulle" stand neben
dem unteren Schellenknopf. Der Platz für das
Schildchen neben dem mittleren Schellenknopf war leer. Der oberste Schellenknopf gehörte zu der Familie Barufski.

Kaum hatte Martin auf den Schellenknopf ge-
drückt, da öffnete Frau Krulle schon die Tür.
Sie hat sicher am Fenster hinter der Gardine
gestanden und uns beobachtet, dachte Tilla.
Damals wusste sie noch nicht, dass Frau Krulle mindestens sechzehn Augen hatte und alles
sah, was in der Donnersteinstraße vor sich
ging. Dazu besaß sie ungefähr vierundzwanzig
Ohren, mit denen sie selbst das Gras wachsen
hörte.

Den Schlüssel für die Wohnung im ersten
Stock trug Frau Krulle schon in der Hand. Sie
führte Tilla und Martin durch den rotweiß gekachelten Flur. Über die braun gestrichene
Treppe ging es in den ersten Stock. Dort öffnete Frau Krulle eine Tür. Gleich darauf standen
sie in der großen Küche. Die hatte nur ein
Fenster zum Hof hin.

Auch die drei Zimmer, die sich an die Küche
anschlossen, waren ziemlich düster. Aber man
schaute durch die Fenster auf einen riesigen

74

Walnussbaum, der beinahe den ganzen Hof ausfüllte.

Die Stube zur Straße hin war geräumig und durch drei Fenster fiel hell das Sonnenlicht.

„Das ist eine sehr schöne Wohnung", sagte Tilla und Martin nickte. Doch ehe sie fragen konnten, wie teuer die Wohnung sein sollte, sagte Frau Krulle: „Pünktlich am Ersten in jedem Monat ist die Miete fällig. Sie beträgt vierundzwanzig Mark achtzig."

Tilla war überrascht. Sie hatte mit einer höheren Monatsmiete gerechnet.

Frau Krulle merkte ihr Erstaunen und fügte hinzu: „Aber um eines muss ich Sie bitten, Frau Lohgerber, Herr Lohgerber, keine Tiere in meinem Haus. Kein einziges Tier darf mir ins Haus kommen."

Martin war enttäuscht. Er liebte Tiere sehr.

Tilla fragte nach: „Hätten Sie denn auch etwas gegen ein kleines Hündchen, Frau Krulle?"

„Hunde bellen!", antwortete Frau Krulle barsch. „Die Nachbarn beschweren sich. Außerdem schleppen die Köter Flöhe ins Haus. Keine Hunde, Frau Lohgerber, Herr Lohgerber! Keine Hunde!"

„Aber ein Kätzchen, Frau Krulle. Ein Kätzchen schleicht auf Samtpfoten durch die Wohnung. Niemand wird sich gestört fühlen!", versuchte Tilla es noch einmal.

„Katzenviecher stinken wie die Pest", rief Frau Krulle empört. „Keine Katzen, Frau Lohgerber, Herr Lohgerber! Keine Katzen kommen mir ins Haus!"

Und so ging es fort. Tauben gurren in der Frühe, wenn anständige Leute noch schlafen wollen; der Kanarienvogel macht Frau Krulle durch sein Gezwitscher verrückt.

„Wo ich doch ein so empfindliches Gehör habe!" Goldfische wollte sie schon gar nicht erlauben. Bei den Wurzewickis nebenan sei das Aquarium zersprungen und das Wasser sei durch die Decke getröpfelt. „Denken Sie nur, Frau Lohgerber, Herr Lohgerber, durch die Decke!"

„Wir werden es uns überlegen, ob wir die Wohnung mieten", sagte Martin. „Wir geben Ihnen morgen Bescheid, Frau Krulle."

Tilla und Martin kehrten in ihre Wohnung zurück.

„Das ist eine schöne große Wohnung in der Donnersteinstraße", sagte Tilla.

Martin schwieg. Er dachte an den kleinen fuchshaarigen Hund, den sein Arbeitskollege Peter ihm schenken wollte.

„Wir könnten für jedes Kind ein eigenes Bett aufstellen", sagte Tilla.

Martin schwieg. Ihm fiel die schneeweiße, herrenlose Katze ein, die gelegentlich durch den Garten hinter dem Haus streifte. Diese Katze hätte er gern aufgenommen.

„Die beiden Mädchen hätten ein Zimmer für sich, und die drei Jungen auch", sagte Tilla.

Martin schwieg. Er musste an seinen Bruder Theo denken. Theo züchtete Kanarienvögel. Auf einer Vogelausstellung hatte Theo unlängst sogar einen ersten Preis für einen Kanarienhahn gewonnen. Schon oft hatte Theo ihm zugeredet, auch Kanarienvögel zu züchten. Martin hätte gern Kanarienvögel gepflegt. Er schwärmte für den schönen Gesang dieser Tiere.

„Vorn im Zimmer an der Straße hätten wir dann eine gute Stube", sagte Tilla.

Nicht einmal Fische im Glas, nicht einmal Tauben auf dem Dach, dachte Martin und wurde traurig. Aber er sagte nichts.

„Und die Miete, die ist wirklich ... die ist wirklich niedrig", sagte Tilla.

„Gut." Martin seufzte und nickte. „Gut, Tilla, ich bin einverstanden. Wir mieten die Wohnung."

Hundeelend

Vierzehn Tage später zogen die Lohgerbers in das Haus in der Donnersteinstraße. Die Kinder freuten sich über ihre Zimmer, aber sie kamen nur schwer mit Frau Krulles Ordnung zurecht. Bevor sie das Haus betraten, mussten sie sich jedes Mal die Schuhe abputzen. Zunächst auf einer großen Fußmatte: Schruppschruppschrupp. Dann einen Schritt weiter in den rotweiß gekachelten Flur hinein, auf einem feuchten Aufnehmer: Tschtschtsch. Und wehe, ein Kind vergaß das! Frau Krulle hörte das mit ihren vierundzwanzig Ohren, stürzte aus ihrer Wohnung und rief: „Zurück, aber schnell! Mein Flur ist so sauber, dass man vom Boden essen kann, und so soll es auch bleiben. Schließlich wische ich die Platten jeden Morgen mit klarem Wasser und freitags wird alles mit Schmierseife geschrubbt."

Die Kinder gewöhnten sich schließlich daran.

Frau Krulle war nicht in allem so kleinlich. Fünf Kinder haben fünf Stimmen, mit denen sie sprechen, schreien, kreischen; zehn Füße, die trippeln, trappeln, stampfen, schlurfen; zehn Hände, die klatschen, Stühle rücken, mit Topfdeckeln gegeneinander schlagen.

Aber der Lärm der Kinder störte Frau Krulle seltsamerweise nicht. Und selbst die wenigen Male, bei denen es ihr zu bunt wurde, klopfte sie ganz behutsam an die Küchentür der Lohgerbers, trat herein und sagte höflich: „Ach, Frau Lohgerber, ich habe heute Kopfschmerzen. Könnten die Kinder nicht ausnahmsweise einmal ...“

„Gewiss, Frau Krulle“, antwortete Tilla. „Ist aber auch ein Sauwetter draußen.“

„Bitte, Frau Lohgerber, bitte erwähnen Sie heute nichts, was mich an Tiere erinnert. Ich fühle mich nicht gut und kann das nicht ertragen.“

„Ich will daran denken“, versprach Tilla. Ihre Kinder brauchte Tilla nicht zu mahnen.

„Frau Krulle ist krank“, flüsterten die sich zu.

„Es hängt noch viel Regen in der Luft, wissen Sie“, sagte Frau Krulle. „Das macht die Kinder kribbelig und bringt mir die Kopfschmerzen.“

„Sie werden mucksmäuschenstill sein“, versprach Tilla.

Doch da wurde Frau Krulles Stimme schrill. Sie presste die Hände gegen die Schläfen und rief: „Keine Tiere, Frau Lohgerber! Erwähnen Sie keine Tiere in meinem Haus! Mäuse schon gar nicht!“

„Ist ja gut, Frau Krulle“, besänftigte Tilla sie.

„Keine Tiere, klar. So war's ja abgemacht. Und ich verstehe Sie ja. Wenn einem so hundeelend ist ..."

Aber da schluchzte Frau Krulle auf und flüsterte: „Schon wieder ein Tier", und lief wieselflink die Treppe hinunter.

„Morgen wird sie sich wieder pudelwohl fühlen", sagte Martin.

„Und bärenstark", fügte Tilla hinzu.

Einmal vermutete Frau Krulle im Keller eine Ratte. Sie legte sofort Gift aus. Im Garten grub sie Gläser ein, die sie halb mit Bier füllte, damit die Schnecken sich darin sammelten. Sie verbot, im Winter ein Futterhäuschen für Vögel aufzustellen. Wenn die Kinder Läuse aus der Schule mit heimbrachten, schenkte sie den Lohgerbers ein weißes Pulver. Das musste dann auf die Kinderköpfe gestreut werden. Es vertrieb die Läuse zuverlässig. „Keine Tiere!", sagte Frau Krulle immer wieder. „Keine Tiere!"

Englische Suppe und mehr

Zwei Jahre wohnten Martin und Tilla schon in der Donnersteinstraße und die fünf Kinder wuchsen heran. Hans, der Älteste, war in der

Schlosserlehre und Bertha, das Nesthäkchen, ging ins erste Schuljahr.

Tilla hatte bereits einige Erfindungen gemacht, aber so richtig hatte noch niemand in der Nachbarschaft gemerkt, dass sie das Zeug zu einer wirklich großen Erfinderin hatte. Eine ihrer ersten Erfindungen war zum Beispiel die „englische Suppe". Jedes Mal, wenn unerwarteter Besuch kam und die Suppe im Topf eigentlich nicht reichte, schöpfte sie mit der Kelle mehrmals klares Wasser hinein und rührte wild.

„Es gibt englische Suppe", sagte sie dann.

„Englische Suppe?", fragten Onkel Theo und Tante Sophie und leckten sich die Lippen.

„Ja", sagte Tilla. „Die Engländer sollen doch ganz dünne Heringe sein. Die Suppe ist heute auch sehr dünn. Englische Suppe eben."

Oder auch die Erfindung mit dem Flötenkessel und mit der Fernbedienung. Aber das ist nicht so einfach zu erklären.

Tilla las gern. Sie kam selten genug dazu. Wenn sie nach dem Mittagessen gespült hatte und die Küche wieder aufgeräumt war, dann leistete sie sich, wenn es eben möglich war, den einzigen Luxus in ihrem Leben. Sie kochte sich eine Tasse echten Bohnenkaffee. Die gemahlenen Kaffeebohnen schüttete Tilla in die Kanne und füllte dann Wasser in den Flötenkessel. Das war ein hochmoderner Wasserkessel, der vorn am Ausguss eine Pfeife übergestülpt bekam. Wenn das Wasser kochte und der Wasserdampf entweichen wollte, begann der Kessel erst leise zu zwitschern und schließlich schrill zu pfeifen. Dann konnte das siedend heiße Wasser in die Kaffeekanne und über das Kaffeemehl gegossen werden.

Während das Wasser heiß wurde, legte sich Tilla auf die Holzbank und begann zu lesen. Manchmal war es gerade dann besonders spannend, wenn der Flötenkessel mit seinem Pfeifspektakel anfing. Ob's ihr angenehm war oder nicht, Tilla musste das Buch beiseitelegen und den Kessel zur Ruhe bringen.

Darüber ärgerte sie sich. „Der Mensch soll nicht von den Dingen herumgeschubst werden", sagte sie dann. „Der Kessel soll für mich da sein und nicht ich für den Kessel."

Was also lag näher, als dass Tilla sich Gedanken machte, was zu erfinden sei?

Die großen Erfindungen sind immer ganz einfach, sagte sich Tilla. Sie nahm also einen starken Zwirnsfaden, band das eine Ende um die Flöte, in das andere Ende knüpfte sie eine Schlaufe. Diese legte sie sich um den großen Zeh.

Wenn nun der Kessel zu pfeifen begann und Tilla nicht gerade in diesem Augenblick aufhören wollte zu lesen, dann ruckte sie mit ihrem Zeh. Der Zwirnsfaden spannte sich und mit einem leisen „Pflopp" sprang die Flöte vom Kessel. Der gellende Ton war wie abgeschnitten.

Gut bewährte sich auch Tillas Erfindung mit der Klopapiergeschichte. Tilla schnitt jeden Abend aus der Tageszeitung die Fortsetzungsgeschichte aus. Wenn sie nach einigen Wochen sämtliche Teile der Geschichte beisammenhatte, dann legte sie die einzelnen Blätter zu einem Block aufeinander. Mit der Schere bohrte sie ein Loch durch den Papierstapel, zog eine Kordel hindurch und schlang einen Knoten. Diese zusammengebundene Geschichte hängte sie auf dem Klo an einen Nagel. Es war allen anderen Lohgerbers streng verboten, dieses „Klopapier" zu benutzen. Die Klopapiergeschichte wollte sie selbst zunächst Stück um Stück lesen und dann so gebrauchen, wie zu Tillas Zeiten das Zeitungspapier in fast allen Familien schließlich und endlich verwendet wurde.

Einmal hatte Martin die einzelnen Stücke zu einer langen Schlange zusammengeklebt. Tilla hat sie zu einer Rolle aufgewickelt und ein Gummi darüber gezogen. Diese Rolle hat sie hoch oben auf den Wasserkessel im Klo gestellt. Jedes Mal, wenn sie zum Klo musste, hat sie ein Stück von dem Papier abgerissen, hat gelesen, was darauf stand, und hat's dann dem Endverbrauch zugeführt. Das war die Stunde, in der das Klopapier auf Rollen erfunden worden ist.

Es gab noch eine Reihe ähnlich hervorragender Erfindungen, aber wie gesagt, es hatte sich in der Donnersteinstraße noch nicht herumgesprochen, was Tilla alles konnte. Zum Glück, muss man sagen; denn sonst wäre Frau Krulle in einer anderen Sache sicher misstrauischer gewesen und Tillas herrlichste Erfindung wäre wahrscheinlich nie gemacht worden.

Auf Samtpfoten

Es begann damit, dass Martin an einem Montag im Dezember müde von der Hütte nach Hause ging.

Das war eine halbe Stunde Fußweg. Lieber wäre er mit dem Fahrrad gefahren, aber ein Fahrrad kostete Geld, und das Geld, das Martin verdiente, reichte gerade für die nötigsten Dinge. Deshalb musste das Fahrrad zurückstehen.

Zum Glück, muss man sagen; denn sonst hätte eine tolle Sache gar nicht erfunden werden können.

Martin ging also die Kaiserstraße entlang, an der Kirche vorbei und kam zu dem kleinen Bahnhof. Jetzt hatte er die Hälfte des Weges schon geschafft.

Es war ein düsterer Tag. Ein dünner Schneeregen fegte ihm mit einem strammen Südwind entgegen. Solch ein Wetter liebte Martin gar nicht. Er schlug den Kragen seiner Lodenjacke hoch.

Da sah Martin, gerade als er unter der Eisenbahnunterführung herging, eine gelbweiß getigerte Katze in dem Eisenwerk der Brücke sitzen. Sie schrie lang und jämmerlich. Hatte sie sich verstiegen? Hatte sie sich eingeklemmt?

Eine rostige Eisenleiter führte in der Unterführung vom Boden bis hoch in die Brückenträger hinein. Martin besann sich nicht lange, stellte seine Tasche auf den Boden und begann die Leiter hinaufzusteigen. Es dauerte gar nicht lange, da konnte er die Katze greifen. Er hob sie behutsam von dem eisernen Träger herunter, drückte sie an seine Brust und stieg hinab, Tritt für Tritt, bis auf den Boden.

„So, du Kletterkünstler", sagte er. „Sieh dich vor, dass dir etwas Ähnliches nicht ein zweites Mal passiert!"

Er strich ihr übers Fell. Sie krümmte wohlig

ihren Buckel. Sie hatte einen Pelz, so weich und so glatt wie Seide. Der Schnurrbart war lang und die Schnurrbarthaare leuchteten schneeweiß. Die Augen hatten die Farbe von Tannenhonig oder dunklem Bernstein.

„Du bist eine sehr schöne Katze", sagte Martin. „Für so eine Katze könnte ich glatt das Pfeifenrauchen aufgeben." Dann atmete er tief und zuckte die Schultern. „Aber Frau Krulle", sagte er. „Ich kann dich leider nicht mit in die Donnersteinstraße nehmen."

Er griff nach seiner Tasche, richtete sich auf und ging weiter die Kaiserstraße entlang.

Aber so leicht wurde er die Katze nicht los. Sie dachte nicht daran, allein in der zugigen Unterführung zurückzubleiben. Sie folgte Martin. Er drehte sich um und sagte: „Scht! Scht! Ab mit dir!"

Die Katze blieb einen Schritt weit von ihm entfernt stehen, aber sie lief nicht fort. Sie kniff nur die Augen zu schmalen Schlitzen zusammen. Sie liebte das nasskalte Wetter noch weniger als Martin.

Vielleicht hat sie Hunger, dachte Martin. Er öffnete seine Tasche. In der Butterbrotschachtel, die Tilla ihm jeden Morgen wohl gefüllt zur Hütte mitgab, hatte er einen Rest Brot zurückgelassen. Seine beiden jüngsten Kinder freuten sich, wenn er das „Hasenbrot", wie sie sagten, von der Hütte zurückbrachte, und fielen darüber her.

Martin öffnete die Schachtel. Das Stückchen Brot, mit Margarine dünn bestrichen und mit einem Hauch von Leberwurst bedeckt – Tilla musste mit ihrem Haushaltsgeld sparsam umgehen, wenn es reichen sollte –, dieses Stückchen Brot also hielt er der Katze hin.

Die kam ganz langsam näher, stellte ihren buschigen Schwanz steil in die Höhe, schnupperte und fasste das Brot ganz vorsichtig mit ihren spitzen Zähnen. Aber sie fraß es nicht. Sie legte sich das Brot zwischen die Pfoten, leckte die Leberwurst herunter und auch die Margarine.

„Na, du bist mir vielleicht ein verwöhntes Luder!", sagte Martin. Aber er meinte es nicht bös und lachte dabei, richtete sich auf und ging weiter.

Die Katze war nun nicht mehr von Martin zu trennen. Sie lief dicht neben ihm her. Blieb er stehen, so rieb sie ihren Buckel gegen seine nassen Stiefel und ließ es sich gern gefallen, wenn er ihr mit der Hand übers Fell fuhr.

„Gleich biegen wir in die Donnersteinstraße ein", sagte Martin. „Dann muss unsere Liebe ein Ende haben."

Martin dachte: Notfalls muss ich ihr eins aufs Fell geben, damit sie davonspringt. Aber es war ihm nicht wohl bei diesem Gedanken.

An der Ecke zur Donnersteinstraße hin kam ihm eine Idee.

Mit einem Mal waren zwei Martinstimmen in ihm. Die Martinstimme Nummer eins steckte mehr in der Brust und die Martinstimme Nummer zwei hörte er mehr im Kopf.

Martin Numero eins sprach: „Wenn ich die Katze nun unter meine dicke Lodenjacke stecke?"

„Aber die Frau Krulle, Martin!", sagte Martin Numero zwei. „Die hat sechzehn Augen, mindestens sechzehn Augen! Die sieht viel mehr, als es wirklich zu sehen gibt!"

Martin Numero eins entgegnete: „Aber durch den dicken Lodenstoff kann auch eine Frau mit vielen Augen nicht hindurchschauen."

„Und weiter? Was wird dann weiter geschehen?", fragte Martin Numero zwei kühl.

„Was soll geschehen?", beruhigte Martin Numero eins den Martin Numero zwei. „Du trägst die Katze unter deiner Jacke an Frau Krulles drei Gardinenfenstern vorbei, schaust dich gar nicht erst danach um, ob sie hinter der Gardine steht, schaffst das Tier nach oben und lässt es in eurer Küche frei."

„Sie wird's herausbekommen", wandte Martin Numero zwei zaghaft und schon halb überredet ein.

„Katzen laufen auf Samtpfoten. Niemand

88

kann sie hören, ganz gleich, wie viele Ohren er auch aufsperrt."

Martin Numero eins hatte gewonnen. Martin war wieder ein einziger Martin. Er hob das Tier vom Boden, knöpfte seine Jacke auf und legte sich die Katze gegen die Brust. Dann knöpfte er die Jacke wieder zu.

Würde die Katze Angst bekommen und herauswollen?

Nein, sie fand es schön, in diesem nasskalten Dezemberwetter dicht an der warmen Männerbrust liegen zu dürfen.

Sie begann leise und behaglich zu schnurren. Ganz tief schnurrte sie und ganz zufrieden.

Martin ging gerade aufgerichtet an Frau Krulles drei Fenstern vorbei. Seine Tasche hatte er unter den rechten Arm geklemmt.

Vielleicht merkte sie es nicht, dass er ein wenig dicker geworden war.

Vielleicht dachte sie: Ach, der Lohgerber, der setzt schon Winterspeck an.

„Ganz egal, was sie von mir denkt", brummte Martin vor sich hin. „Hauptsache, ich bringe die Katze unbemerkt nach oben."

Und dann war Martin im rotweiß gekachelten Flur.

Schruppschrupp, die Matte. Pschtpscht, der feuchte Aufnehmer. Die paar Schritte bis zur Treppe.

„Ruhig, Martin, ruhig", sagte er zu sich selbst.

Er stieg die Treppe hinauf ins erste Obergeschoss.

Er atmete erleichtert auf. Frau Krulle hatte nicht einmal die Tür einen Spaltbreit geöffnet, hatte nicht einmal gesagt: „'n Abend, Herr Lohgerber! Ist das ein Wetter heute! Da würde ich ja höchstens 'n Hund rausjagen."

Aber nichts von alledem. Martin betrat die Küche und zog sorgfältig die Tür ins Schloss.

Warum benimmt sich der Mann so seltsam, dachte Tilla, als sie ihm einen Kuss zur Begrüßung geben wollte. Martin wich vor Tilla zurück. Er öffnete seine Jacke. Die Katze sprang auf den Fußboden.

„Was ist das denn?", fragte Tilla erschreckt.

„Das ist ...", fing Martin an und begann zu stottern. Ja, wer war das eigentlich, den er da hergeschleppt hatte? Kurz entschlossen gab er der Katze einen Namen und sagte: „Das ist unsere Julia."

„Unsere Julia?" Tilla lachte nervös auf. „Martin", sagte sie, „Martin, du holst uns den Streit ins Haus. Ich rieche es, das gibt Ärger und Streit."

Aber Martin sagte, was er von Martin Nummer eins wusste: dass niemand Katzenschritte hören kann, dass kein anständiger Mensch bei

90

solchem Wetter eine Katze einfach im Freien lassen darf, dass ...

„Na ja", sagte Tilla, „warten wir's ab."

Sie ging an den Herd. Hinten auf der Platte stand der Milchtopf. Sie nahm den Deckel vom Topf, tauchte einen Finger in die Milch und hob die Fetthaut heraus. Die schnippte sie auf eine Untertasse und stellte sie auf den Fußboden.

„Komm, Julia, komm!", lockte sie die Katze. Die ließ sich nicht lange bitten und schleckte die süße Haut vom Teller. Ganz blank leckte sie die Untertasse.

„Mama!", sagte Bertha, das jüngste Kind. „Den Teller brauchst du gar nicht mehr zu spülen. Ist ganz sauber."

„So weit kommt es noch", sagte Tilla.

Julia schaute sich um und entdeckte neben dem warmen Herd eine hölzerne Kiste. Sie sprang darauf, rollte sich zusammen und legte ihre Schwanzspitze zwischen die Pfoten.

„Sie fühlt sich wohl", sagte Martin.

„Ich fühle mich gar nicht wohl, wenn ich an Frau Krulle denke", sagte Tilla.

Es klopfte an die Küchentür.

„Wenn man vom Teufel spricht ...", flüsterte Tilla.

Scharf beobachtet

Tatsächlich! Mit grimmigem Gesicht trat Frau Krulle in die Küche, ohne auf ein „Herein, bitte!" zu warten. Sie schaute sich in der Küche um. Sie konnte Julia gar nicht übersehen.

„Aha!", sagte sie und atmete tief. „Dacht ich's mir doch! Ein Tier in meinem Haus! Eine Katze unter meinem Dach! Das ist doch ..."

„Liebe Frau Krulle", versuchte Martin ihr ins Wort zu fallen.

„Ich bin nicht Ihre ‚liebe' Frau Krulle. Für eine Familie, die mich schändlich hintergeht, die ihre Abmachungen mit mir schmählich bricht, bin ich nicht die liebe Frau Krulle."

„Ich wollte Sie doch nur fragen, Frau Krulle, wie sind Sie eigentlich so schnell darauf gekommen, dass Julia hier oben ist?"

Frau Krulle stutzte. Dann sagte sie: „Ich habe Sie rein zufällig von der Arbeit kommen sehen. Sie gingen an meinem Fenster vorbei. Dort stand ich."

„Rein zufällig", sagte Martin.

„Jawohl, rein zufällig! Und was sehe ich? Ich traue meinen Augen nicht! Ich sehe doch wahrhaftig ein Stück Katzenschwanz unter

Ihrer Jacke hervorschauen. Klothilde Krulle, denke ich, Klothilde, sei wachsam! Wo ein Schwanz ist, da ist auch meistens eine Katze!"

„Sehr scharf beobachtet", lobte Tilla.

Und dann bot sie der Frau Krulle einen Stuhl an, ganz weit weg von der Katze, am anderen Ende der Küche.

„Wissen Sie, liebe Frau Krulle", begann sie, „ich habe es meinem Mann auch schon gesagt. Das mit der Julia bringt nur Ärger. Die Katze muss wieder aus dem Haus."

„Und zwar sehr schnell", bestätigte Frau Krulle. „Wir wollen doch auch weiterhin in Frieden leben, nicht wahr?"

Tilla nickte heftig. Aber dann sagte sie: „Andererseits, liebe Frau Krulle, es ist bald Weihnachten. Wenn wir den Kindern eine Katze schenken könnten, dann wäre das ein herrliches Weihnachtsgeschenk."

„Auf keinen Fall!", sagte Frau Krulle. „Weihnachten hin, Weihnachten her, ich dulde nun mal keine Tiere in meinem Haus."

„Selbstverständlich wollen wir das nicht wirklich", beruhigte Tilla die Hausbesitzerin. Sie machte eine kleine Pause, schaute Julia an und sagte schließlich: „Andererseits, ich könnte die Katze dreimal am Tag aus dem Haus lassen. Sie würde ihre Geschäfte draußen verrichten. Hören kann man sie sowieso nicht. Und wenn sie ihre Geschäfte draußen verrichtet, dann wird auch niemand etwas riechen können."

„Auf gar keinen Fall, Frau Lohgerber!", sagte Frau Krulle entschieden. „Dreimal am Tag hin und dreimal am Tag her – immer trampelt sie durch meinen rotweiß gekachelten Flur! Lauter Katzentatzen auf meinen Bodenplatten. Die sind doch immer so sauber ..."

„Ich weiß, Frau Krulle, man kann davon essen. Und wenn die Katze darüberläuft, dann geht das mit dem Essen nicht mehr. Es geht eben überhaupt nicht mit der Julia. Sie muss also weg."

Tilla schwieg einen Augenblick. Aber dann sagte sie: „Andererseits, ich könnte eine kleine Kiste herrichten und Sand und Sägespäne einfüllen. Die stelle ich dort neben das Fenster in die Ecke. Katzen sind saubere Tiere. Dort wird Julia dann ..."

„Nein, nein, nein, Frau Lohgerber! Katzendreck in einer Kiste! Das geht nun auf gar keinen Fall. Das Tier muss aus dem Haus, und zwar schleunigst."

„Ich fürchte, Sie haben Recht", gab Tilla zu. „Doch andererseits, stellen Sie sich vor, Frau Krulle, ich könnte die Katze dreimal am Tag auf die Straße hinauslassen und sie brauchte nicht durch Ihren rotweiß gekachelten Flur zu laufen."

„Nicht durch den Flur?", fragte Frau Krulle misstrauisch.

„Nein, nicht durch den sauberen Flur. Keine Katzentatzen auf rotweißen Kacheln."

„Nicht durch den Flur und doch nach draußen?", vergewisserte sich Frau Krulle.

„Gewiss", sagte Tilla und fügte hinzu: „Alles andere ist wohl nicht zu machen."

„Dreimal am Tag auf die Straße und nicht durch den Flur?", sagte Frau Krulle.

Tilla nickte.

„Das ist überhaupt nicht möglich", stieß Frau Krulle hervor. „Wir sind im Haus Donnersteinstraße Nummer sieben. Das Haus hat nur einen einzigen Ausgang zur Straße hin, und der führt durch meinen rotweiß gekachelten Flur."

„Nein, es ist wohl wirklich nicht möglich", sagte Tilla. „Andererseits, Frau Krulle, wenn ich das schaffe, dürfen wir dann die Katze, die Julia dort, behalten?"

Da lachte Frau Krulle und sagte: „Frau Lohgerber, wenn Sie das Unmögliche schaffen, dann fallen Ostern und Weihnachten auf einen Tag. Dann können Sie die Katze behalten."

Kopfschüttelnd und immer noch lachend, verließ Frau Krulle Lohgerbers Küche und stieg ins Erdgeschoss hinab.

„Schade", sagte Martin traurig. „Wir müssen Julia wohl wieder auf die Straße setzen."

„Es schneit aber stark", meinte Bertha.

„Die Katze wird erfrieren", befürchtete Hans.

„Sehr traurig", sagte Martin, „aber da ist wohl nichts zu machen. Keine Tiere in diesem Haus. Abgemacht ist abgemacht."

„Ich müsste etwas erfinden", sagte Tilla.

„Ja, wenn Mutter eine richtige Erfinderin wäre!", seufzte Bertha.

Martin sagte: „Immerhin hat sie den Flötenkessel mit Fernbedienung erfunden."

„Und die englische Suppe auch", rief Bertha.

„Ich kann's ja mal versuchen", sagte Tilla.

Der Katzenaufzug

Sie setzte sich auf die Bank hinter dem Tisch. Es wurde so still, dass man die Uhr an der Wand ticken hörte. Denn das wussten die Lohgerbers: Große Erfindungen werden nicht im Lärm und auf dem Markt gemacht, sondern große Erfindungen wachsen nur in der Stille. Tilla stützte die Ellbogen auf den Tisch und legte die Handflächen gegen die Ohren. Klar: Wer etwas erfinden will, der muss vor allem nach innen horchen. Den stört sogar das Ticken der Wanduhr.

Dann schloss Tilla fest die Augen. Klar: Wer etwas wirklich Großes erfinden will, der muss nach innen schauen. Die Bilder großer Erfindungen, die wachsen nämlich innen und nicht auf den Plakatwänden.

Martin und alle Lohgerber-Kinder rührten sich nicht. Ja, wenn Martin den Atem anhielt, dann meinte er ein seltsames leises Knistern zu hören, das aus Tillas Richtung kam. Die Spannung war groß.

Dann aber riss Tilla mit einem Male die Augen weit auf, löste die Hände von den Ohren und sagte sehr leise und sehr bestimmt: „Ich hab's!" Sie rannte in das hinterste Zimmer, nahm einen alten Marktkorb, der dort in der Ecke stand, und griff nach der Wäscheleine, die ordentlich aufgerollt an der Wand hing. Dann knotete sie das eine Ende der Leine um den Griff des Korbes, faltete ein altes Handtuch zusammen und bedeckte damit den Korbboden. Eilends lief sie in die Küche zurück. Behutsam griff sie Julia und setzte die Katze vorsichtig in den Korb.

Julia ließ sich das gefallen. Sie wehrte sich auch nicht, als Tilla in die Wohnstube rannte und das Fenster weit aufriss, obwohl der Wind ein paar Schneeflocken ins Zimmer trieb.

Tilla ließ die Katze im Korb Stück für Stück an der Hauswand hinunter, an Frau Krulles Fenster vorbei, bis der Korb endlich sanft auf der Straße aufsetzte.

Julia sprang hinaus. Sie lief ein Stück die Straße hinunter und suchte nach einem geeigneten Ort für ihre Geschäfte.

Martin rief: „Kinder, eure Mutter, Mathilde Lohgerber, ist eine wirkliche Erfinderin! Sie hat gerade den Katzenaufzug erfunden! Bravo, bravissimo!" Er schloss seine Frau begeistert in die Arme.

„Wird die Katze zurückkommen?", fragte Bertha, das jüngste Kind der Lohgerbers.

„Ja, wie soll Julia wissen, dass ein Aufzug auch aufwärtsfährt?", fragte Martin.

„Nichts leichter als das", antwortete Tilla.

Sie zog den Korb wieder empor, ging zum Schrank und holte einen Rest Leberwurst heraus. Eigentlich war der für das Margarinebrot bestimmt, das sie am nächsten Tag dem Martin mit zur Hütte geben wollte. Aber für eine große Sache müssen nun mal Opfer gebracht werden. Tilla legte die Wurst in den Korb und ließ ihn wieder auf die Straße hinab.

Die Katze hatte inzwischen getan, was getan werden muss. Sie lief zurück zum Haus. Im Schnee blieb eine Katzentatzenperlenschnur zurück.

Julia streckte ihre Nase in den Wind und schnupperte. Den Leberwurstgeruch kannte sie schon. Schließlich hatte Martin ihr das Hasenbrot gegeben. Sie sprang mit einem eleganten Satz in den Korb und schleckte die Wurst. Währenddessen zog Tilla die Wurst in der Katze und die Katze im Korb hoch zum Fenster.

Nur ein einziges Mal brauchte Tilla den Trick mit der Wurst anzuwenden, dann hatte Julia verstanden, wie der Katzenaufzug funktionierte. Sie war schön und klug zugleich, und das soll nicht nur bei den Katzen sehr selten zusammentreffen.

Frau Krulle sprach mehrere Tage kein einziges Wort mehr mit Tilla. Aber dann sagte Tilla ihr einen Tag vor Weihnachten: „Denken Sie nur, Frau Krulle, Julia hat heute Nacht zwei Mäuse gefangen."

Frau Krulle starrte Tilla sehr misstrauisch an und fragte: „Zwei Mäuse hat sie gefangen? Also zwei Tiere weniger im Haus?"

„Ja", bestätigte Tilla, „zwei Tiere weniger."

„Ist das auch keine Erfindung von Ihnen?", fragte Frau Krulle.

„Nein, nein", beteuerte Tilla. „Ich kann Ihnen die Mäuseschwänze zeigen. Julia hat die Schwänze nämlich vor unserer Schlafzimmertür niedergelegt."

Frau Krulle wurde blass. „Bitte nicht, Frau

Lohgerber! Ich kann Mäuseschwänze nicht sehen! Mein Schwager, der Hubert Hirsch, der ist Jäger. Denken Sie: Der schießt Rehböcke, und dann hängt er das Gehörn im Zimmer an die Wand. Mir wird immer ganz schlecht, wenn ich da hinschaue."

Frau Krulle sah eine Weile stumm auf ihren rotweiß gekachelten Fußboden und sagte dann: „Ja, wenn es so ist, Frau Lohgerber, dass die Julia Tiere in meinem Haus wegfängt, dann ist es gut. Und ein frohes Weihnachtsfest denn auch!"

Tilla freute sich, denn Weihnachten und versteckter Streit im Haus, das passt nun wirklich nicht zueinander.

Eine Erfindung erobert die Welt …

Ich habe noch von mancher Erfindung meiner Großmutter gehört. Wenige Tage nach dem Katzenaufzug hat sie die Katzenaufzugsklingel erfunden. Sie hatte mit ihren fünf Kindern zu wenig Zeit, um stets zum Fenster zu gehen und nachzuschauen, ob Julia schon im Korb saß. Deshalb hat sie ein Stöckchen mit einem Ende fest an den Korb gebunden und an das andere Ende die kleine Glocke gehängt, die bei uns sonst immer nur am Heiligen Abend geläutet wird, wenn die Kinder endlich ins Wohnzimmer und zu dem strahlenden Weihnachtsbaum dürfen.

Den Korb hat Tilla dann nicht ganz bis auf den Boden sinken lassen. Mit der Wäscheleine hat sie ihn so am Fensterkreuz festgebunden, dass er dicht über der Straße schwebte.

Wenn Julia in den Korb sprang, schlug das Glöckchen an und Tilla wusste: Die Katze ist wieder da, und sie konnte das Tier in die Wohnung zurückholen.

Vor einiger Zeit habe ich mal in der Türkei Kindern und großen Leuten aus meinen Büchern vorgelesen. Natürlich nur solchen, die auch Deutsch sprechen konnten. Aber das waren viel mehr, als ich gedacht hatte. Ich schlief in einem Hotel in der schönen Stadt Istanbul. Als ich am frühen Morgen aus dem Fenster schaute, da sah ich es: Im gegenüberliegenden Haus öffnete im zwölften Stock eine Frau das Fenster und ließ an langer Leine einen Korb hinunter!

Nein, es war keine Katze drin, sondern ein Geldstück. Unten nahm ein Mann das Geld heraus und legte Brot in den Korb. Das zog die Frau nach oben.

Gerne hätte ich ihr zugerufen: „Junge Frau,

diesen Aufzug hat meine Großmutter erfunden, die Tilla Lohgerber!"

Aber leider konnte ich nur ein einziges Wort Türkisch. Das heißt „eschek" und bedeutet „Esel".

Und das passte nun wirklich nicht. Aber wenn die türkischen Kinder, die in Deutschland leben, mal wieder in die schöne Türkei reisen und sehen, wie dort jemand einen Korb hochzieht, dann sollen sie es dort erzählen, dass meine Großmutter die Erfinderin gewesen ist. Gelegentlich habe ich schon in Lexikonbänden nachgeschaut. Unter dem Buchstaben „L" muss doch eigentlich stehen: „Lohgerber, Tilla, geborene Meurer, Erfinderin".

Bisher habe ich's noch nicht entdeckt, aber ich bin sicher: Irgendwann wird einmal ein wirklich gutes Lexikon angeboten werden.

Vom selben Autor erschienen:

Willi Fährmann
Als Oma
das Papier
noch bügelte
Erlebte Geschichten

128 Seiten
Gebunden
ISBN 978-3-7666-0899-4

Von Willi Fährmann stammt der Satz: „Lesen ist wie Reisen." Als Kind war ihm das wirkliche Reisen nicht vergönnt. Man war nicht reich, allenfalls kinderreich. Fährmanns Geschichten aus der damaligen Zeit sind gleichsam Reisen in die Vergangenheit …
Geschichte in Geschichten zu verpacken, damit Vergangenes nicht in Vergessenheit gerät, ist eine Kunst, die kaum einer so gut beherrscht wie Willi Fährmann. Gewiss – heute gibt es Computer, die Daten und Fakten speichern, aber einer muss erzählen, was war. Und eines steht fest: Jahreszahlen sind schnell vergessen, aber Geschichten, die weitererzählt werden, vergisst keiner so schnell.

Butzon & Bercker Kevelaer
www.bube.de